JUAN PABLO VILLALOBOS

Ich hatte einen Traum

Jugendliche Grenzgänger
in Amerika

Aus dem Spanischen
von Carsten Regling

BERENBERG

Hinweis

Dies ist kein literarischer Text, auch wenn er zum Schutz der Protagonisten auf narrative Techniken zurückgreift. Alle Erzählungen basieren auf den persönlichen Berichten von zehn minderjährigen Geflüchteten, mit denen im Juni 2016 in Los Angeles und New York Interviews geführt wurden. Um die Anonymität der Kinder und Jugendlichen zu wahren, wurden sämtliche Namen geändert.

Inhalt

Wo sind deine Kinder?

Als der Beamte der Grenzpolizei anrief, fragte er als Erstes:

»Hast du Kinder?«

»Ja«, sagte ich. »Zwei.«

Das war Ende Februar 2014, damals war Kevin sechzehn und Nicole noch ganz klein, gerade mal zehn.

»Und wo sind sie?«

»In Guatemala«, sagte ich, denn ich hatte sie dort gelassen, bei ihrer Großmutter, als ich 2007 in die USA gegangen bin.

»Bei wem wohnen sie?«, fragte er.

»Bei meiner Schwester«, sagte ich.

Seit meine Mutter umgebracht wurde, leben sie bei meiner Schwester. Ja, meine Mutter wurde ermordet. In ihrem eigenen Haus. Eine Bande in Guatemala trieb »Steuern« ein, auch von ihr. Meine Mutter hat ihnen das Geld gegeben, immer wieder, bis sie es irgendwann leid war und sagte, dass sie nichts mehr zahlen würde. Aber sie musste bezahlen, mit ihrem Leben. Sie haben meine Mutter umgebracht. In ihrem eigenen Haus. Und danach haben sie meinen Schwager getötet, der für meine Kinder wie ein Vater war.

»Hast du in den letzten Tagen mit deinen Kindern gesprochen?«, fragte der Beamte.

»Nein«, sagte ich, »meine Schwester hat mir erzählt, dass sie ihnen erlaubt hat, bei einem Ausflug mitzufahren.«

»Ein Ausflug?«

»Ja«, sagte ich. »Ein Schulausflug.«

Er schwieg einen Moment, und ich konnte hören, wie er ein paar Papiere durchsah. Dann nannte er die Namen meiner Kinder und fragte, ob sie das wären. Ich sagte ja, und er schwieg wieder.

»Nein«, sagte er nach einer Weile. »Deine Kinder sind nicht in Guatemala.«

»Was?«

»Deine Kinder sind hier«, sagte er. »Hier bei uns, an der Grenze bei San Ysidro.«

Ich werde ein bisschen schlafen

Im Kühlschrank weißt du nie, wie spät es ist. Nicht mal, ob Tag oder Nacht. Der Kühlschrank ist die Zelle, wo du landest, wenn dich die Grenzpolizei schnappt. Sie heißt Kühlschrank, weil es da drin so kalt ist, und das Einzige, was sie dir geben, ist eine Decke, die aussieht, als wäre sie aus Metall. Es ist so kalt, dass ich Krämpfe in den Beinen kriege, aber das kann auch daran liegen, dass ich die ganze Zeit stehen muss. Als sie mich einsperren, kann ich mich nicht mal setzen oder hinlegen, weil überall schon andere Mädchen schlafen und es keinen Platz mehr gibt.

»He, pass auf, dass du nicht umkippst«, sagt eins der Mädchen zu mir.

»Was?«, frage ich, weil ich nicht ganz verstanden habe und weil ich nicht gesehen habe, welches von den Mädchen das gesagt hat.

Die Zelle ist voll, etwa sechzig bis achtzig Mädchen, alle in meinem Alter oder jünger, sogar ein paar Kinder sind dabei. In diesem Kühlschrank sind wir getrennt, es gibt nur Mädchen, aber ich war auch schon mal in einem, da waren alle gemischt, Männer und Frauen, und da gab es auch keinen Platz, um sich zu setzen oder hinzulegen, es war richtig voll, genau wie hier.

»Deine Augen sind zugefallen, und ich hab gedacht, du schläfst im Stehen«, sagt das Mädchen, das vor meinen Füßen liegt.

Ich reibe mir die Augen, um den Schlaf zu vertreiben, und als sich das Mädchen aufrichtet, nutze ich die Chance, um kurz die Beine zu strecken, vielleicht hören die Krämpfe ja auf.

»Setz dich«, sagt sie.

Ich gehorche, bevor sie es sich anders überlegt. Im Sitzen tut mir der Rücken weh, aber wenigstens können sich meine Beine etwas ausruhen. Ich sitze ihr gegenüber. Sie hat dunkle Haut wie ich, ihr Haar ist zerzaust und schmutzig, weil wir uns hier nicht duschen können, nicht mal richtig waschen. Sie ist etwa so alt wie ich, höchstens fünfzehn.

»Ich habe solchen Hunger, dass ich aufgewacht bin«, sagt sie. »Hast du keinen Hunger?«

Ich sage nein und dass mir der Hunger vergeht, wenn ich Angst habe. Mir fällt auf, dass ich kaum was gegessen habe, seit ich von meinen Großeltern aufgebrochen bin. Ich glaube, die ersten Tage, als wir im Bus unterwegs waren und nicht mal richtige Pausen gemacht haben, habe ich überhaupt nichts gegessen. Und in dem Haus, wo wir darauf gewartet haben, die Grenze zu überqueren, habe ich mir den Magen verdorben, weil ich das mexikanische Essen nicht vertragen habe.

»Weißt du, wann wir was zu essen kriegen?«, fragt das Mädchen.

Ich antworte, dass ich das nicht weiß, dass ich erst seit ein paar Stunden hier bin.

»Haben sie dich gerade erst geschnappt?«, fragt sie.

»Nein, vor zwei Tagen, aber sie haben mich zuerst woanders hingebracht.«

»Was gab es da zu essen?«

»Etwas Milch und einen Apfel«, sage ich.

»Mehr nicht?«

»Nein, morgens, mittags und abends das Gleiche. Das war alles.«

»Hier kriegt jeder ein Sandwich«, sagt sie. »Und einen Saft. Wie alt bist du?«

»Vierzehn«, sage ich.

»Ich auch«, sagt sie.

An ihrer Art zu reden habe ich schon gemerkt, dass sie aus El Salvador kommt, genau wie ich, aber ich glaube, sie ist aus der Hauptstadt.

»Ich heiße Kimberly«, sage ich.

»Aus welcher Ecke kommst du?«, fragt sie.

»Aus Ahuachapán«, sage ich. »Und du?«

»Warum legst du dich nicht etwas hin?«, sagt sie. »Wenn du willst, stehe ich kurz auf, dann kannst du dich ausruhen. Aber nicht zu lange.«

Sie steht auf und macht mir ein Zeichen, dass ich mich hinlegen soll.

»He, du, ich bin dran.«

Ich öffne die Augen und sehe die Decke des Kühlschranks. Das Mädchen hat sich über mich gebeugt und schüttelt mich an den Schultern. Ich setze mich auf, und sie lässt sich neben mir nieder.

»Wie heißt du noch mal?«, fragt sie. »Vor lauter Hunger kann ich mir nichts mehr merken.«

»Kimberly«, sage ich, »aber alle sagen Kim. Du kannst mich gerne Kim nennen. Habe ich lange geschlafen?«

»Keine Ahnung«, sagt sie, »hier verliert man jedes Gefühl für die Zeit, aber ich glaube ja, mir tun jedenfalls schon die Beine weh.«

Wir schweigen, und ich versuche, wach zu werden, um aufstehen zu können. Ich gähne, und mein Kopf dreht sich, als wäre hier drin zu wenig Sauerstoff. Ich bin so müde, dass ich kaum noch weiß, wann ich wach bin und wann ich schlafe. In der ersten Nacht, im anderen Kühlschrank, habe ich überhaupt kein Auge zugetan, später schon, da bin ich immer mal wieder kurz eingenickt.

»Der Kühlschrank, wo ich vorher war, war noch viel schlimmer«, sage ich, um Zeit zu gewinnen – wenn wir weiter reden, kann ich vielleicht noch etwas länger sitzen bleiben. »Wie eine Müllhalde, überall waren Apfelreste, und keiner hat saubergemacht. Die Milchpackungen haben auch alle einfach auf den Boden geschmissen. Außerdem war ich krank, ich hatte mir eine heftige Grippe eingefangen. Nach zwei Tagen haben sie alle aufgerufen, die woanders hinkamen. Sie haben uns in einen Bus gesteckt und hierher gebracht.«

»Glaubst du, sie schicken uns zurück?«, fragt sie.

»Wohin?«

»Ich meine, ob du glaubst, dass sie uns abschieben?«

»Keine Ahnung.«

Ich erzähle ihr nicht, dass ich in der ersten Nacht geweint habe. Ich habe an meine Großeltern gedacht und wollte nach El Salvador zurück. Wenn sie von mir verlangt hätten, die Abschiebung zu unterschreiben, hätte ich das auf der Stelle getan. Seit ich über den Fluss war, musste ich ständig weinen und war richtig traurig und dachte immer nur: Was mache ich hier eigentlich?

»Als wir den Fluss überquert haben, ist ein Mann ins Wasser gefallen«, sage ich zu dem Mädchen. »Wir waren in einem Boot, sie haben uns zur anderen Seite gebracht und gesagt, wir müssen schnell aussteigen und ans Ufer rennen. Und der Mann schaffte es nicht aus dem Boot, obwohl er gar nicht so alt war, und da haben sie ihn über Bord geworfen. Er war klitschnass, und sie haben ihn einfach liegen lassen. Keiner hat ihm geholfen, weil man nicht lange am Ufer bleiben kann. Wir sind losgerannt, sie haben nicht gesagt wohin, da waren Berge, Bäume, es gab keinen Weg, wir mussten uns irgendwie durchschlagen. Es war stockdunkel, keiner hatte eine Taschenlampe oder sonst was dabei, sie haben gesagt, wir dürfen nichts mitnehmen. Wir waren etwa dreißig, auch Schwangere und kleine Kinder, keiner wusste, ob wir jemals wieder aus den Bergen rauskommen. Ein Junge hat geweint. Wir mussten umkehren und einen anderen Weg suchen. Eine Frau hatte eine Flasche Wasser dabei, und ich habe sie gefragt, ob sie mir was abgibt, aber sie wollte nicht. Sie braucht alles für sich selbst, hat sie gesagt. Das werde ich nie vergessen. Dann haben wir Lichter gesehen und sind darauf zu. Ich hatte keine Ahnung, was wir tun sollten, in welche Richtung wir laufen sollten, nichts. Plötzlich ist der Wagen aufgetaucht. Es war die Polizei.«

»Ich werde ein bisschen schlafen«, sagt das Mädchen und streckt die Beine aus, damit ich aufstehe.

Ich richte mich auf und spüre meine eingeschlafenen Beine, oder besser gesagt, ich spüre sie nicht, es ist, als hätte man sie abgeschnitten.

»Weck mich, wenn sie Sandwichs bringen«, sagt sie.

»He, ich bin dran«, sage ich leise zu dem Mädchen, um sie nicht zu erschrecken, aber sie hört mich nicht.

So vor ungefähr zwei Stunden hat sie sich hingelegt, glaube ich, und wieder habe ich Krämpfe in den Beinen. In dem Moment geht die Zellentür auf und eine Frau mit einem Wagen kommt herein. Die Sandwichs. Die Mädchen stehen langsam auf. Ich beuge mich zu dem Mädchen runter und flüstere ihr ins Ohr:

»Wach auf, es gibt was zu essen.«

Wir nehmen uns ein Sandwich und eine von den kleinen Saftpackungen und setzen uns zum Mittagessen hin. Oder zum Frühstück oder Abendessen. Wer weiß, wie spät es ist. Auf dem Sandwich ist eine Scheibe Schinken. In der Packung ist Orangensaft.

»Wo willst du hin?«, fragt das Mädchen.

»Zu meiner Mama«, antworte ich.

»Und wo wohnt die?«

»In New York.«

»Und wo hast du in El Salvador gelebt?«

»Bei meinen Großeltern, den Eltern meiner Mutter«, sage ich. »In Ahuachapán. Ich habe auch eine Weile bei meinen anderen Großeltern gewohnt, in San Salvador, aber zuletzt in Ahuachapán. Mit meiner großen Schwester und meinem kleinen Bruder.«

»Und dein Vater?«

»Mein Vater hat uns verlassen, als ich klein war, ich hatte lange keinen Kontakt zu ihm. Meine Mutter hat sich kurz vor meiner Geburt von ihm getrennt. Er wohnte in San Salvador, deswegen war ich zwischendurch auch dort. Aber er hat mich nie besucht oder angerufen, um zu fragen, wie es mir geht. Wenn ich ihn nicht angerufen oder besucht hätte, hätten wir gar keinen Kontakt gehabt. Und weil ich von klein auf bei meiner Oma in Ahuachapán gelebt hatte, habe ich mich sehr einsam gefühlt, als ich von ihr weggegangen bin, und deshalb wollte ich zurück zu ihr. Manchmal denke ich, dass ich ganz ohne meine Eltern aufwachsen werde, und das macht mich sehr traurig. Meine Mutter ist in die USA gegangen, als ich vier war. Sie hat mich immer unterstützt, sie hat meinen Großeltern Geld geschickt, damit sie für uns sorgen. Sie war immer für uns da. Aber ich kann mich kaum an sie erinnern, denn als sie in El Salvador war, war ich noch zu klein. Manchmal muss ich deshalb weinen. Warum kann ich nicht bei ihr sein?«

Ich habe mein Sandwich aufgegessen und an meine Großeltern gedacht und an meine Mama. Manchmal versuche ich sie mir vorzustellen, aber ich weiß nicht, wie sie aussieht. Ich glaube, auf der Straße würde ich sie nicht erkennen.

»Das Schlimmste, was ich je erlebt habe, war der Abschied von meinen Großeltern«, sage ich. »Und du?«

»Ich will auch zu meiner Mutter«, sagt sie.

»Und wo ist sie?«

»In Arizona«, antwortet sie und wischt sich die Krümel weg. »Wenn du willst, kannst du ein bisschen schlafen, mir geht's wieder besser. Bis ich wieder Hunger kriege.«

Ich wache auf, als sie mich an der Schulter schüttelt und sagt, ich soll mich beruhigen und aufhören zu schreien.

»Sch, sch, ganz ruhig.«

»Was ist los?«, frage ich.

»Ich glaube, du hattest einen Alptraum. Du hast plötzlich geschrien. Außerdem bin ich dran, du hast ein bisschen geschlafen, und ich kann nicht mehr.«

Ich setze mich, damit sie sich hinlegen kann. Ich erinnere mich an den Alptraum.

»Was hast du geträumt?«, fragt sie.

»Von einer schlimmen Sache, die mir unterwegs passiert ist«, sage ich. »In Reynosa, an der Grenze. Ich war in einem Haus mit vielen Leuten, die wie ich gewartet haben. Jeden Tag kamen neue, und andere sind gegangen, denn so viele passten gar nicht rein. Alle haben gewartet, um die Grenze zu überqueren, aber zu mir haben sie immer nur *morgen, morgen* gesagt und mich nicht abgeholt. Wir haben auf Matratzen auf dem Boden geschlafen und nichts als Burritos bekommen, ich habe mir den Magen verdorben und konnte kaum noch was runterkriegen. Ein paar ältere Frauen haben sich um mich gekümmert. Ich sollte mich zwischen sie legen, sie wollten nicht, dass ich woanders schlafe, wegen der vielen Männer. Aber einmal ist eine von ihnen nachts aufgestanden und weggegangen, keine Ahnung wohin, und ein Mann ist gekommen und hat sich neben mich gelegt. Er hat schmutzige Sachen zu mir gesagt und ist immer näher an mich herangerückt. Ich glaube, er wollte mich vergewaltigen. Da habe ich die Frauen geweckt, und sie haben den Mann beschimpft. Er hat sich gewehrt und gemeint, er würde doch gar nichts machen. Aber am nächsten Tag, als ich endlich gehen konnte, hat er mir einen Zettel zugesteckt und gesagt, ich soll ihn aufheben. Er hatte mir seine Telefonnummer aufgeschrieben. Ich habe den Zettel zusammengeknüllt und in den Müll geworfen.«

»Du hast eine Menge Glück gehabt«, sagt sie.

Ich nicke, und wir schweigen. Ich betrachte die Mädchen auf dem Boden, die sich in die Metalldecken gewickelt haben. Es ist kälter geworden, es muss früher Morgen sein.

»Meine Tante hat mir eine Spritze gegeben, bevor ich mich aufgemacht habe«, sagt das Mädchen plötzlich, als hätte sie lange darüber nachgedacht. »Falls mir was zustößt, damit ich nicht schwanger werde.«

Ich warte, ob noch etwas folgt, aber sie sagt nichts weiter. Ich weiß genau, wovon sie redet.

»Ich war auf einer Schule direkt neben einem Gefängnis, wo viele von den Banden saßen«, sage ich. »Immer wenn ich aus der Schule kam, standen sie da rum. Wir sollten schlimme Dinge mit ihnen machen. Wenn die Schule aus war, haben sie schon auf uns gewartet. Ich bin immer mit meinen Freundinnen gegangen. Sie haben gesagt, wir sollen irgendwo mit ihnen hingehen. Sie haben das oft zu mir gesagt, aber ich wollte nicht. Es gibt dort viele einsame Ecken, wo sie ihre Sachen machen. Wir wollten aber nicht mitgehen. Und weil wir nicht mitgehen wollten, haben sie gedroht, dass sie uns etwas antun. Ich hatte Angst und bin nicht mehr zur Schule gegangen.«

»In Mexiko hat uns wieder die Polizei gestoppt«, sage ich zu dem Mädchen.

Es sind zwei oder drei Tage vergangen, und wir haben mehr Platz, weil ein paar von den Mädchen abgeholt wurden. Jetzt können wir uns wenigstens beide hinlegen oder setzen und die Beine ausstrecken oder was auch immer. Vor dem Einschlafen erzählen wir uns manchmal aus unserem Leben. Eigentlich bin nur ich es, die etwas erzählt, denn das Mädchen sagt nicht viel. Aber ich rede gern mit ihr, denn wenn ich schweige, muss ich sofort an meine Großeltern denken. Und an meine Mutter, daran, ob man ihr schon Bescheid gesagt hat, dass ich hier eingesperrt bin.

»Mit dem Bus hat man uns ein paar Mal angehalten. Plötzlich wurde der Bus langsamer und blieb stehen. Wir haben uns aus dem Fenster gelehnt und die Polizei gesehen. Pick-ups und Männer in Uniform. Manchmal haben wir geschlafen, und sie haben uns nicht geweckt. Vielleicht dachten sie, wir wären Mexikaner. Einmal mussten wir aussteigen, und sie wollten unsere Dokumente sehen. Ich habe ihnen meine Geburtsurkunde und meinen Pass aus El Salvador gezeigt. Sie haben uns Fragen gestellt. Was wir hier wollen und mit wem wir unterwegs sind. Dann wollten sie Geld. Ein Polizist hat zu einem anderen gesagt, dass er uns Handschellen anlegt und uns mitnimmt. Sie haben so getan, als wollten sie uns verhaften, um uns einen Schreck einzujagen. Sie haben gesagt, wenn wir ihnen kein Geld geben, bringen sie uns zurück.

Dass wir abgeschoben werden. Wir haben ihnen alles gegeben, was wir hatten, dann durften wir weiter.«

Ich höre, wie die Zellentür aufgeschlossen wird, und das Mädchen ist mit einem Satz auf den Beinen.

»Essen«, sagt sie.

Aber es gab erst vor kurzem etwas zu essen, es muss etwas anderes sein. Eine Beamtin kommt herein und sagt, dass ein paar Mädchen in ein Heim in Phoenix verlegt werden. Sie hat eine Liste mit Namen und sagt, dass alle, die nicht auf der Liste sind, dableiben müssen. Sie fängt an, die Namen vorzulesen, und plötzlich sagt sie:

»Kimberly.« Und meinen Nachnamen.

Als sie fertig ist, sagt sie, dass alle auf der Liste sie begleiten sollen. Das Mädchen sagt, dass ihr Name nicht auf der Liste war und dass sie bleiben muss, und da fällt mir auf, dass sie mir nie ihren Namen gesagt hat.

»Du hast mir gar nicht gesagt, wie du heißt.«

»Das ist nicht wichtig«, sagt sie und umarmt mich.

Die andere Seite ist die andere Seite

Der Fettsack war schweißgebadet und hat so getan, als würde er nichts bemerken, als wüsste er nicht, dass er gerade von drüben gekommen ist, aber natürlich wusste er das, alle wissen das, es gibt keinen in Ilopango, der nicht weiß, wo die Grenze verläuft, und deshalb war ich wachsam und hab mir gedacht: Irgendwas führt er im Schilde, bestimmt ist er ein Posten der Salvatrucha*.

Er hat eine Tüte Chips gegessen, ich hab ihn so auf fünfzehn, sechzehn geschätzt, zumindest hatte er schon genug Haare im Gesicht, um einen auf dicke Hose zu machen. Er hatte einen Rucksack auf und sah ziemlich schick aus, frisch gebügeltes Hemd, neue Jeans, aber am meisten hat mich interessiert, was in seinem Rucksack war, denn das war alles nur Tarnung. Ich hab die Straße überquert, um ihn einzuholen.

»Was geht, Arschloch?«, hab ich zu ihm gesagt.

Er hat sich umgedreht, mich kurz von der Seite angeschaut und ist weitergegangen, als hätte er mich nicht gesehen, etwas langsamer, aber

* Die *Mara Salvatrucha* oder *MS-13* ist eine der mächtigsten kriminellen Banden der Region.

ohne stehen zu bleiben. Am liebsten hätte ich ihm auf der Stelle meine Pistole gezeigt, damit ihm die Faxen vergehen, keiner darf einfach so weitergehen und sich taub stellen, wenn ihn einer von der 18* anspricht, aber dann hätte es wieder geheißen, wer hat dir das erlaubt, für wen hältst du dich, dich über die oben hinwegzusetzen, und dass man erst mal wissen muss, mit wem man es zu tun hat, bevor man die Knarre rausholt.

»He, ich rede mit dir, bleib stehen«, hab ich noch mal gesagt und ihn am Arm gepackt.

Ohne mich anzusehen, blieb er stehen, und ich konnte hören, wie er schwer geatmet hat, er war nervös, er wusste genau, mit wem er es zu tun hat, und seine Beine haben geschlottert.

»Bist du taub oder was?«, hab ich gesagt.

Er hat nicht geantwortet, nur weiter geschnaubt wie ein Pferd. Ich hab ihn an der Schulter geschubst, und er knallte gegen die Wand. Aber er hat sich nicht gewehrt. Der Schweiß ist ihm in Strömen die Stirn runtergelaufen.

»Wo soll's denn hingehen, als hättest du mit dem ganzen Kram hier nichts zu tun?«, hab ich gesagt.

Er hat ein gefaltetes Taschentuch aus der Hose gezogen, sich den Schweiß abgewischt und sich in alle Richtungen umgeschaut, als würde er jemanden suchen. Zu seinem Pech war die Straße fast leer, und die paar Leute, die da waren, sind schnell weitergegangen, um keinen Ärger zu kriegen. Jeder weiß, mit einem von der 18 legt man sich nicht an, nur um irgendeinem Penner zu helfen.

»Ich kenne Yoni«, hat er gesagt, als er gemerkt hat, dass ihm nichts anderes übrig bleibt, als mit mir zu reden.

»Sag bloß, den kenne ich auch«, hab ich gesagt.

Er hat Anstalten gemacht abzuhauen, aber ich hab ihn am Ärmel gepackt und wieder geschubst.

* Die Bande *Barrio 18*.

»Ich glaube, du bist ein Posten der Sackgesichter*«, hab ich gesagt.

Er hat wieder geschwiegen, ohne mich anzusehen, und nur zum Ende der Straße gestarrt, als könnte er dort wen finden, der ihm hilft. Das Einzige, was dieser Fettsack konnte, war, zu schnauben wie ein Pferd.

»Glaubst du, ich hab nicht gesehen, dass du von drüben gekommen bist?«, hab ich zu ihm gesagt. »Die andere Seite ist die der Sackgesichter, tu nicht so, als wüsstest du das nicht. Wo willst du hin?«

Er hat das Taschentuch aus der Hosentasche gezogen und sich wieder die Stirn abgewischt. Kommt davon, wenn man so fett ist, bestimmt hat er deshalb so geschwitzt.

»Was ist los, ist dir heiß?«, hab ich gesagt.

»Yoni ist mein Freund«, hat er wieder angefangen. »Frag ihn.«

»Werd ich machen, aber erst sagst du mir, wo du hinwillst.«

»Nach Hause.«

»Und wo ist das?«

»Gleich um die Ecke, in der Pension.«

»Und warum bist du von der anderen Seite gekommen, hm? Ich glaube, du bist ein Posten der Sackgesichter.«

»Ich habe Hausaufgaben gemacht«, hat er gesagt, »eine Gruppenarbeit, der Klassenkamerad, mit dem ich die Aufgabe machen soll, wohnt da. Wenn du willst, zeige ich sie dir.«

Er hat seinen Rucksack abgenommen, den Reißverschluss geöffnet und mir die Hefte, Bücher und den anderen Schulkram gezeigt. Und noch eine Tüte Chips.

»Dein Kumpel ist nicht von den Sackgesichtern?«, hab ich gefragt.

»Ich war nur wegen der Hausaufgaben da. Wirklich, frag Yoni, er kennt mich gut, er kennt meine Familie.«

»Okay, mach ich.«

* Aus Verachtung nennen Mitglieder der Bande *Barrio 18* ihre Rivalen von der *Salvatrucha* nicht bei ihren Namen, sondern benutzen derbe Schimpfworte, die denselben Anfangsbuchstaben haben wie der Bandenname.

Er wollte schon seinen Rucksack zumachen, aber ich hab ihn aufgehalten.

»Gib mir die Chips«, hab ich gesagt.

Ich hab mir die Tüte geschnappt und Yoni auf dem Handy angerufen. Als er ranging, konnte ich den Fernseher im Hintergrund hören, wahrscheinlich hat er gerade einen Film mit seiner Kleinen geschaut.

»Yoni, ich hab hier ein kleines Problem«, hab ich gesagt. »Hörst du mich?«

Yoni muss auf Pause gedrückt haben, denn der Krach von dem Film war plötzlich weg.

»Schnell, was gibt's?«, hat er gesagt. »Ich bin beschäftigt.«

»Hier ist einer, der von den Sackgesichtern rübergekommen ist und sagt, dass er dich kennt.«

»Wie heißt er?«

Ich hab den Fettsack, der sich wieder den Schweiß von der Stirn und vom Hals wischte, nach seinem Namen gefragt.

»Santiago«, hat er geantwortet, »sag ihm, dass meiner Oma der Laden da drüben in der Pension gehört.«

Ich hab Yoni wiederholt, was er mir gesagt hatte.

»Bring ihn her«, hat Yoni gesagt, dann hat er aufgelegt.

»Yoni will dir guten Tag sagen«, hab ich zu dem Fettsack gesagt.

Dann hab ihn am Arm gepackt und bin losgegangen. Er hat sich gewehrt, und weil er so dick war, war es schwer, ihn zu zwingen.

»Meine Oma wartet auf mich«, hat er gesagt. »Ich muss ihr im Laden helfen.«

»Das kannst du Yoni erzählen«, hab ich gesagt. »Und jetzt beweg deinen fetten Arsch, oder es knallt. Als wüsstest du nicht, wo wir hier sind.«

Ich hab die Pistole gezückt und sie ihm vor die Nase gehalten. Er hat so getan, als würde er sie nicht sehen, ist aber sofort losgegangen. Auf dem Weg zu Yoni hab ich die Chips gefuttert. Ich war halb tot vor Hunger, weil ich die ganze Zeit Wache halten musste, seit zwölf, und jetzt war es schon fast fünf.

Yoni schaute mit seiner Kleinen den Film, den er auf Pause gestellt hatte, und sie haben Pupusas* gegessen. Ich kannte den Film schon, es ging um einen Jungen, der mit den Toten spricht. Als Yoni uns sah, hat er wieder auf Pause gedrückt, und der Fettsack hat sofort angefangen, mich zu beschuldigen.

»Der will mir Angst machen«, hat er zu Yoni gesagt. »Ich hab nur Hausaufgaben gemacht, was kann ich dafür, wenn die Lehrerin mich mit einem Klassenkameraden zusammensteckt, der drüben bei den Buchstaben** wohnt.«

»Er hat gesagt, er ist ein Kumpel von dir, Yoni«, hab ich gesagt, »aber er ist direkt von der Seite der Sackgesichter gekommen, ich hab es selbst gesehen.«

»Seinem Opa hat die Pension gehört«, hat Yoni zu seinem Mädchen gesagt, »hier gleich um die Ecke. Einmal hat mein Alter da ein Zimmer gemietet, aber jetzt vermieten sie keine mehr, oder?«, hat er den Fettsack gefragt.

»Nein«, hat der Fettsack gesagt. »Als mein Opa gestorben ist, hat meine Oma beschlossen, dass das Haus nur noch für die Familie da ist.«

»Und wer wohnt sonst noch da?«

»Meine Urgroßmutter, meine Tante, meine Onkel und meine Cousins.«

»Hattest du nicht einen Bruder?«

»Ja.«

»Wie alt ist er? Daniel, oder?«

»Zehn.«

»Und du?«

»Fünfzehn.«

»Ist deine Mama noch in den USA?«, hat Yoni gefragt.

* Gefüllte Tortillas. Das Nationalgericht El Salvadors. (Anm. d. Übers.)

** Die Buchstaben M und S der *Mara Salvatrucha*. Eine weitere Form, sich auf die rivalisierende Bande zu beziehen, ohne sie namentlich zu erwähnen.

Der Fettsack hat ja gesagt und wieder das Taschentuch aus der Hose gezogen und sich den Schweiß vom Hals, von der Stirn und aus dem Gesicht gewischt. Yoni hat ihn angeschaut, als würde er sich über ihn lustig machen, und die Hand von seiner Kleinen gedrückt, damit sie ihn auch anschaut.

»Die Leute im Viertel mögen deine Oma«, hat er zu ihm gesagt. »Alle haben Respekt vor ihr, aber damit solltest du nicht kommen, wenn du nicht willst, dass die Leute dich für eine Schwuchtel halten.«

Die Kleine hat sich totgelacht. Ich mich auch. Der Fettsack hat sein Taschentuch zusammengeknüllt und in die Hosentasche gesteckt.

»Ich bin krank, Yoni, ich hab was am Herzen, ich war beim Arzt, weil ich immer so erschöpft bin und anfange zu schwitzen.«

»Ernsthaft?«

»Ja, mein Herz ist zu groß, größer als normal.«

»Setz dich, nicht dass du noch umkippst«, hat Yoni zu ihm gesagt und auf einen Stuhl gezeigt.

»Ich hab's eilig«, hat der Fettsack gesagt, »meine Oma wartet auf mich, ich muss nachmittags im Laden helfen, und ich bin schon spät dran, weil die Hausaufgaben so schwer waren und weil ich jetzt hier bin.«

Yoni ist aus dem Sessel aufgestanden, in dem er gesessen hatte, hat den Teller mit den Pasteten auf den Tisch gestellt, ist zum Fettsack gegangen und hat ihn auf den Stuhl gestoßen.

»Haben dich die Sackgesichter kontrolliert?«, hat er ihn gefragt.

»Die kontrollieren alle«, hat er geantwortet und dabei fast geheult.

»Und was hast du gesagt?«

»Nichts.«

Yoni hat mit der Zunge geschnalzt, man hat gemerkt, dass er genervt war.

»Fängst du jetzt an zu flennen?«

Der Fettsack hat geschnieft, aber so nach innen, als würde er Rotz schlucken.

»Was hast du ihnen gesagt?«, hat Yoni noch mal gefragt.

»Sie wollten wissen, wo ich hinwill, und haben mich zum Haus meines Klassenkameraden begleitet. Als sie gesehen haben, dass ich wirklich Hausaufgaben machen will, sind sie gegangen.«

»Du erzählst mir doch keinen Scheiß, oder?«, hat Yoni gefragt.

»Nein.«

»Erinnerst du dich an Marco?«, hat Yoni zu ihm gesagt. »Wir haben ihn geschnappt, weil er bei den Sackgesichtern rumgehangen hat, und du weißt ja, was mit ihm passiert ist.«

In dem Moment hat Yonis Handy geklingelt, und er ist in ein anderes Zimmer gegangen, damit keiner mithören konnte. Der Fettsack hat die Zeit genutzt, um sich die Stirn mit dem Taschentuch abzuwischen. Er war so fett, dass sein Hintern gar nicht auf den Stuhl passte. Dann ist Yoni zurückgekommen.

»Du musst etwas für mich in der Pension aufbewahren.«

»Das geht nicht«, hat der Fettsack geantwortet.

»In einem der vielen Zimmer wirst du schon eine Ecke finden.«

Der Fettsack hat nichts gesagt, er hat Yoni nicht mal angeschaut, während er mit ihm geredet hat, und die ganze Zeit nur auf den Boden gestarrt, als könnte dort jemand rauskommen, um ihn zu retten.

»Es ist nur für eine Weile«, hat Yoni gesagt. »Oder bis morgen.«

»Ich kann wirklich nicht, Yoni, wenn meine Oma Wind davon bekommt ...«

»Das war keine Frage«, hat Yoni ihn unterbrochen. »Ich hab gehört, dass die Bullen in der Gegend rumschnüffeln.«

Er ist kurz irgendwo im Haus verschwunden und mit einer weißen Tüte zurückgekommen. Kaum war er im Zimmer, konnte man riechen, was in der Tüte war.

»Du begleitest ihn«, hat Yoni zu mir gesagt. »Pass auf, dass er es versteckt, nicht dass er es unterwegs wegwirft.«

Er hat den Rucksack vom Fettsack geschnappt, der auf dem Boden lag, und die Bücher und Hefte rausgenommen. Dann hat er die Tüte reingesteckt und den Rucksack wieder zugemacht.

»Was ist das?«, hat der Fettsack gefragt.

»Was glaubst du?«, hat Yoni geantwortet. »Riechst du's nicht? Du gibst es Mecha, wenn er dich drum bittet, nachher oder morgen.«

»Wem?«

»Ihm!«, hat Yoni gesagt und auf mich gezeigt. »Muss ich ihn dir erst noch vorstellen? Los, haut ab.«

Der Fettsack ist sitzen geblieben und hat Yoni angeschaut.

»Worauf wartest du?«, hat Yoni gesagt.

»Ich brauche meine Schulsachen.«

»Kriegst du von Mecha, wenn du ihm die Tüte zurückgibst.«

Der Fettsack ist aufgestanden und hat sich den Rucksack über die Schulter gehängt. Yoni hat auf Play gedrückt, und man hat jemanden schreien hören. Es war die Mutter des Jungen, der mit den Toten sprach, sie hatte gerade gesehen, wie er mit verdrehten Augen in einer unbekannten Sprache redete.

Wir sind nach draußen gegangen, und es sah aus, als würde gleich eine Menge Regen runterkommen, es roch nach dem Essen, das die Nachbarin kochte, und ich hatte nichts zu Mittag gegessen.

»Wo soll ich die Tüte verstecken?«, hat der Fettsack auf dem Weg zur Pension gefragt.

»Das musst du doch wissen«, hab ich gesagt. »Hat Yoni nicht gesagt, ihr habt genug Zimmer?«

»Aber die sind alle voll.«

»Dann eben in deinem.«

»Da schläft auch mein Bruder und mein Onkel. Mein Onkel wird was merken.«

»Nicht mein Problem.«

Wir sind um die Ecke gebogen und bis zur Mitte der Straße gelaufen. Der Laden war auf der anderen Seite. Es war einer von diesen Läden, die alles haben, Lebensmittel, Getränke, Haushaltswaren.

»Es ist besser, wenn meine Oma dich nicht sieht«, hat der Fettsack gesagt.

Ich hab die Straße überquert und bin in den Laden gegangen. Hinter dem Tresen saß eine alte Frau und hat ferngesehen. Sie hat mich angestarrt, als wäre der Teufel persönlich in ihrem Laden aufgetaucht. Ich hab mir ein paar Chipstüten und Limos geschnappt, während der Fettsack seine Oma gegrüßt und sich entschuldigt hat, weil er sich verspätet hatte. Der Fettsack war echt eine Schwuchtel. Ich bin ohne zu bezahlen rausgegangen und habe noch gehört, wie die Alte mir irgendwas hinterhergeschrien hat, aber ich bin einfach weitergegangen.

Am nächsten Tag hab ich die Tüte nicht geholt, weil die Bullen weiter Ärger gemacht haben. Yoni hat gemeint, dass ihn irgendwer verpfiffen hat. Wir haben uns ein paar Tage verkrochen, und dann hat Yoni mich losgeschickt, um die Tüte zu holen. Ich musste eine Weile warten, weil die Oma im Laden war und der Fettsack sich nirgendwo blicken ließ. Es wurde Abend, aber der Fettsack ist nicht aufgetaucht, also musste ich in den Laden und die Alte fragen.

»Ist Santiago nicht da?«

Die Alte hat so getan, als wäre ich Luft. Sie hat mich nicht mal angeschaut und weiter auf den Bildschirm gestarrt. Ich hab meine Knarre auf den Tresen gelegt und mich vor die Glotze gelehnt, damit sie mich beachtet. Die Oma hat sich umgedreht und ist zu einem Kühlschrank gegangen. Sie hat die Tüte rausgenommen und auf den Tresen geknallt, und ich hab sie geschnappt und bin schnell damit zu Yoni gegangen.

»Der Fettsack war nicht da«, hab ich gesagt, als ich ihm die Tüte gereicht habe, »aber die Oma hat es mir gegeben.«

Yoni hat die Tüte geöffnet und die Tütchen darin gezählt.

»Soll ich ihn suchen gehen, Yoni?«

»Der ist längst auf der anderen Seite.«

»Bei den Sackgesichtern?«

»Die andere Seite ist die andere Seite«, hat er gesagt, »den haben sie längst in die USA geschickt.«

Dort gibt es Schlangen

Dort gibt es Schlangen, in der Wüste, an der Grenze von Sonoyta. Wir sind zur Grenze gegangen, aber überall waren Polizisten, Grenzpolizei, so viel, dass die Führer Angst bekamen und uns zurückließen, auf der mexikanischen Seite. Ich war mit einem Cousin unterwegs, der ein Jahr älter war als ich. Ich war fünfzehn, er sechzehn. Er hat gemeint, wir müssten warten, wir hätten schließlich nicht so einen weiten Weg gemacht, um jetzt einfach hier zu bleiben. Inzwischen waren wir mehr als die fünfzehn Leute, die zusammen in Guatemala aufgebrochen waren, zwanzig oder mehr, neue Leute aus Honduras, El Salvador, Mexiko, sogar einer aus Ecuador. Und jetzt ging es nicht weiter, weil alles voller Polizei war. Die Beamten wussten natürlich, dass wir Flüchtlinge waren, weil wir mitten in der Wüste steckten, an der Grenze zwischen Mexiko und den USA. Als sie sahen, dass wir auf mexikanischem Gebiet blieben, sagten sie nichts, aber sie beobachteten uns von weitem, man sah, dass sie uns nicht aus den Augen ließen, und in ihrem Blick waren auch Schlangen.

Wir waren in den Bergen, auf einem Hügel. Es gab kaum Bäume, wo wir uns in den Schatten setzen konnten, und wir versuchten uns gegenseitig Schatten zu spenden. Es war Mai oder Juni, ich kann mich nicht mehr so genau erinnern. Es war heiß, und die Sonne brannte. Die Führer meinten, wir sollen wachsam sein und beobachten, ob es eine Möglichkeit gibt, über die Grenze zu kommen. Dass die Beamten abgelenkt sind. Sie würden uns dann rüberbringen. Aber die Zeit verging und nichts passierte. Nur Hitze und die Sonne, die uns verbrannte, und jemand sagte, dass es dort Schlangen gibt, welche von den gefährlichen, giftigen, die nachts kommen, wenn man schläft, und einen beißen. Einer war schon einmal drüben gewesen, sie hatten ihn zurückgeschickt, und er erzählte, dass sie dich in eine Zelle sperren, wo man nie die Sonne sieht, dass man nur kaltes Essen von Burger King bekommt und manchmal im Sitzen schlafen muss, weil es keinen Platz gibt.

Mein Cousin meinte, ich soll nicht auf ihn hören, die Grenzpolizei würde uns schon nicht schnappen, wir hätten nicht so einen weiten Weg zurückgelegt – Chiapas, Hidalgo, Oaxaca, Guadalajara –, um jetzt hier zu bleiben. Es wurde Abend, und wir sahen die Scheinwerfer der Pick-ups auf der anderen Seite, und jemand sagte, dort gäbe es keine Schlangen, dort wäre alles ganz anders als in unseren Dörfern, viel moderner. Es wurde dunkel und wir bekamen Hunger und jeder sah nach, was er zu essen dabei hatte, Fischkonserven, Schinken und Wurst in Dosen. Man durfte nur wenig essen und musste die Sachen einteilen, denn keiner wusste, wie lange wir warten müssen. Die Führer sagten, sie könnten uns zu dem Haus zurückbringen, wo wir uns eine Weile aufgehalten hatten, bevor wir zur Grenze aufgebrochen sind, aber dass sie uns dann nicht mehr rüberbringen würden.

Die Nacht kam, und ich hatte Angst und war traurig, meine Familie war weit weg, meine kleinen Brüder und meine Mama, und mein Vater tat mir leid, er trank und kümmerte sich nicht viel um uns. In seinem Kopf sind auch Schlangen. Ich konnte nicht schlafen, ich war aufgeregt und musste auf eine Gelegenheit warten, um über die Grenze zu kommen, und außerdem hörte ich ständig irgendwelche Geräusche, Tiere, die über den Boden krochen, und ich dachte, es wären giftige Schlangen, die einen im Schlaf beißen. Und es gab Kojoten, wir haben sie von weitem gesehen, sie sind nicht näher gekommen, aber jemand meinte, wir sollten lauschen, dann könnten wir ihr Heulen hören.

So verging die Nacht, und dann der Tag, und dann noch eine Nacht, und mein Cousin sagte zu mir, wir müssten Geduld haben, wir hätten so lange gewartet, dass wir jetzt nicht einfach umkehren können. Und dass wir gewusst hätten, dass die Durchquerung der Wüste das Schwierigste wäre, noch schwieriger als das mit dem Zug. In Oaxaca mussten wir im Zug schlafen, wir haben einen Teil der Strecke mit dem Zug zurückgelegt, was ziemlich gefährlich ist. Wir sind hochgeklettert, auf den Zug, und einen halben Tag und eine Nacht gefahren. Wir hätten runterfallen können, ich habe gehört, dass viele gestorben sind, die diesen Zug genommen haben. Manchmal haben wir auch im Bus geschlafen, und manchmal mussten wir am Fluss schlafen, und manchmal haben wir im Hotel geschlafen, so wie in Mexiko-Stadt. Als wir in Mexiko-Stadt waren, ging ich los, um etwas zu essen zu kaufen, und da war eine Gruppe Männer auf der Straße, ich glaube, es waren Zetas*, und sie haben gegen die Polizei gekämpft, es gab einen Kampf, mitten auf der Straße, bewaffnete Typen, mit Schlangen im Herzen. Und am dritten Tag in der Wüste, an der Grenze von Sonoyta, waren immer noch viele Polizisten unterwegs, Grenzpolizei, und ich stieß wieder auf eine Schlange, zusammen mit den Leuten, mit denen ich unterwegs war, aber zum Glück konnten wir sie töten. Sie sagten, sie hätte ein gefährliches Gift, das dich umbringen kann.

Mein Cousin hatte nicht so viel Angst vor Schlangen und meinte, wir sind nicht vor den Banden geflohen, um durch das Gift einer Schlange zu sterben. Und mir fiel ein, dass manche von den Bandenmitgliedern Schlangentätowierungen haben, Schlangen auf den Armen oder auf dem Rücken, oder sogar auf dem Kopf oder dem Bauch. Einer gehörte zu einer Bande, die damit drohte, mir etwas anzutun, das war in

* Die Zetas sind ein mexikanisches Drogenkartell.

der Schule, er kam sich vor wie ein König, weil er seine Gang dabei hatte, und ich hatte wirklich Angst. Und das alles wegen nichts. Ich hatte mich mit einer Klassenkameradin über eine Hausaufgabe unterhalten, und der Typ dachte, ich würde seine Freundin anmachen. Deswegen wollte er mich umbringen. Ich musste die Schule wechseln, aber trotzdem haben sie mir weiter aufgelauert. Ich kam aus der Schule, und sie verfolgten mich und wollten mich umbringen, das habe ich später gehört, aber zum Glück konnte ich abhauen. Ich bin in einen der Busse gesprungen, mit denen ich nach der Schule nach Hause fahre, das hat mich gerettet. Aber ich fühlte mich nicht mehr sicher, ich hatte Angst, dass sie mir an der nächsten Ecke auflauern und mich umbringen würden. Sie haben Taschenmesser, andere Messer, vielleicht sogar Schusswaffen. Ich habe gehört, dass sie andere Jungs zusammengeschlagen haben, und ich habe mir Sorgen gemacht, dass sie mir oder meiner Familie etwas antun könnten, denn dort kann alles passieren, man ist vor nichts sicher, manchmal bringen sie die ganze Familie um, und das machte mir am meisten Angst.

Und so eine lange Flucht, um in der Wüste zu enden, an der Grenze von Sonoyta, ohne eine Chance, sie überqueren zu können. Ich war völlig am Ende, wegen der vielen Tage, die wir in der Wüste waren, mit den ganzen Verbrennungen auf der Haut, und weil man sich nicht waschen konnte und nichts Vernünftiges zu essen hatte. Ich war verzweifelt und sagte, dass es das Beste wäre, wenn ich mich stelle und sie mich in meine Heimat abschieben. Wir waren etwa zehn Jungs, die sich stellen wollten. Da haben die Führer gesagt, dass wir tun und lassen können, wozu wir Lust haben, auch zurückgehen, und dass wir von jetzt an auf uns allein gestellt wären, denn sie würden uns nicht mehr rüberbringen. Aber einer, der schon mal drüben war und geschnappt wurde, meinte, wir wüssten nicht, wie es dort wäre, in diesen Zellen, die sie Kühlschränke nennen. Dass es für Leute wie uns, die so was nie erlebt hatten, eingesperrt zu sein, ohne die Sonne zu sehen, sehr hart wäre. Dass sie dich wie einen Verbrecher behandeln. Da dachte ich, dass ich es schön fände, mal nicht die Sonne zu sehen, denn es war sehr heiß in der Wüste und die Sonne brannte, und dass ich es in der Zelle schon aushalten würde, schließlich sind da sogar Leute mit kleinen Kindern, die sich trauen, hierher zu kommen und die Grenze zu überqueren, was ziemlich schwer ist, sogar Kinder, die ganz allein unterwegs sind, und schwangere Frauen kurz vor der Geburt.

Wir waren fünf Tage in der Wüste, an der Grenze von Sonoyta, und ich sagte zu meinem Cousin, dass ich es nicht mehr aushalte, ich würde mich stellen. Wir sind den Hügel runtergestiegen, direkt zu den Grenzbeamten, und um nicht an die Schlangen zu denken, habe ich an früher gedacht, als ich noch klein war und es das Schönste für mich war, meinen Vater bei der Arbeit zu begleiten. Ich war vier Jahre alt und zog vor der Schule mit meinem Vater los, um Sachen zu verkaufen. Wir sind losgegangen, und es war ein schöner Tag, sonnig, aber mit einer normalen Sonne, nicht dieser Wüstensonne, die einen verbrennt. Er nahm mich an die Hand und ging mit mir zu seinen Kunden, und das Schönste war, dass ich bei ihm sein durfte.

Zu zehnt sind wir den Hügel runter, um uns zu stellen. Wir sagten, sie sollen uns zurückbringen. Wir haben einfach die Grenze überquert, wo sie uns erwartet haben. Sie haben uns auf Pick-ups geladen und zu den Kühlschränken gebracht.

Ich habe das Gefühl, wenn ich in mein Land zurückkehre, wird mir etwas Schlimmes zustoßen.

Er sah aus wie Watte, aber als ich ihn berührte, war es pures Eis

Donnerstag, 13. März 2014

Die Beraterin meinte, wenn ich gerne lese, könnte ich doch ein Tagebuch über meine Zeit hier im Heim in Chicago schreiben. Sie gab mir ein Heft und einen blauen Stift und bat mich, meinen Namen auf der ersten Seite einzutragen. Mein Alter. Und woher ich kam. Verlier es nicht, sagte sie. Und falls du es doch verlierst, wissen sie, wem es gehört, und können es dir zurückgeben. Sie sah mich schweigend an, als würde sie darauf warten, dass ich etwas sage. Ich glaube, sie wollte sehen, ob ich wirklich schreiben kann. Ich öffnete das Heft und stützte mich mit dem Ellbogen auf dem Tisch auf. Ich schrieb: Dylan und meinen Nachnamen. Zehn Jahre. Chalatenango, El Salvador. Dann sagte sie, dass ich ihr zeigen kann, was ich schreibe, oder dass ich es für mich behalten kann. Ich solle alles notieren, was ich will, wie ich mich fühle, die Sachen, die mir passiert sind, was auch immer. Ich hatte ihr nämlich erzählt, dass ich gerne Sachen über die Vergangenheit lese. Geschichte. Aber ich weiß nicht, ob ich genauso gern über meine eigene Geschichte schreibe. Wir haben hier eine kleine Bibliothek mit ein paar Büchern auf Spanisch.

Ich habe mir ein Buch über die Geschichte des Flugzeugs ausgeliehen. Wer das Flugzeug erfunden hat. Die bedeutendsten Flüge. Solche Dinge. Ich mag auch Bücher über Meerestiere, aber so was haben sie hier nicht.

Ich war noch nie geflogen, bis sie mich aus dem Kühlschrank holten und mich hierher schickten. Um fünf Uhr morgens wurden wir aufgerufen und in Busse verfrachtet. Die Busse waren wie in einem Film. Mit Gittern vor den Fenstern und allem Drum und Dran, als wären wir Schwerverbrecher. Nur die Handschellen fehlten. Die Mädchen saßen vorn, die Jungen hinten.

Sie haben uns zum Flughafen gefahren, in ein Flugzeug gesteckt und hierher gebracht. Es war ein Flugzeug der Grenzpolizei, in dem nur Flüchtlingskinder saßen. Das Flugzeug war voller Kinder. Die Mädchen vorn, die Jungen hinten. Alle waren zum ersten Mal in einem Flugzeug. Es gab Kinder wie mich, Zehnjährige, oder Acht- oder Neunjährige. Und andere, die älter waren, elf, vierzehn, und auch welche, die aussahen wie sechzehn oder siebzehn. Als das Flugzeug abhob, haben alle geschrien. Einige vor Aufregung, andere vor Angst. Das Gleiche bei der Landung. Vielleicht kann ich ja Pilot werden, wenn ich groß bin.

Samstag, 15. März

Hier im Heim sind fast alle Tage gleich. Wir stehen auf, duschen, haben Englischunterricht, frühstücken, dürfen ein bisschen Fußball oder Basketball spielen, schauen Filme, essen zu Mittag, und wer sich gut benimmt, darf noch eine Weile Videospiele spielen. Ich durfte das noch nicht, keine Ahnung warum. Wenn wir wollen, können wir in den Hof gehen, aber es ist kalt, sehr kalt. Obwohl wir dicke Jacken bekommen haben. In dem Raum, in dem ich schlafe, gibt es vier Betten. Wir müssen auch helfen, die Betten zu machen und die schmutzige Wäsche in die Waschküche zu bringen.

Heute durfte ich mit meiner Mama telefonieren. Sie sagte, ich soll mir keine Sorgen machen, sie würde die Papiere schicken, um die man sie gebeten hatte, dann wird geprüft, ob ich zu ihr nach Los Angeles ziehen kann. Es würde ein paar Tage dauern, denn sie müsste erst die Papiere auftreiben und abschicken. Aber ich soll mir keine Sorgen machen, sagte sie immer wieder, alles wird gut werden. Ich kenne die Stimme meiner Mutter und weiß genau, dass sie sich Sorgen macht. Sie hörte sich an, als würde sie jeden Moment losheulen. Ihre Stimme ist das Einzige, was ich gut kenne. Ich kenne ihre Stimme von klein auf, aber nur die Stimme, denn als sie in die USA ging, war ich gerade einmal sechs Monate alt. Vielleicht lassen sie mich zu ihr, wenn sie wissen, dass ich sie nicht kenne. Dass ich nur ihre Stimme kenne. So was ist schließlich nicht normal.

Am Nachmittag haben wir Fußball gespielt. Die aus El Salvador gegen die aus Guatemala. Wir haben vier zu eins gewonnen. Die aus Guatemala sind ganz schön schlecht.

Sonntag, 16. März

Heute Morgen, beim Anziehen, sind ein paar der anderen Jungen meine Brandwunden aufgefallen. Sie fragten, was passiert ist. Ich wollte ihnen aber nichts erzählen, weil ich es nicht mag, wenn andere Mitleid mit mir haben. Aber sie fragten weiter, bis ich es ihnen sagen musste. Das war in der Schule, in Chalatenango. Ein paar Kinder haben mich verprügelt, jeden Tag, deshalb wollte ich nicht mehr in die Schule gehen. Sie waren ein Jahr älter als ich. Ich weiß nicht, warum sie mich geschlagen haben, sie haben es mir nie gesagt, sie haben mich einfach nur verprügelt. Ich habe es der Lehrerin gesagt, aber die Lehrer hat das überhaupt nicht interessiert, sie haben nichts getan. Ein paar meiner Freunde wurden auch verprügelt. Manchmal überlegten wir, uns zu wehren, sie zu verprügeln, aber das wollte ich nicht, ich wollte nicht, dass sie mir noch mehr antaten. Ich hatte Angst. Große Angst.

Die Schule ging von sieben bis zwölf. Um neun hatten wir Pause. Eines Tages spielten wir Verstecken auf dem Schulhof, und als ich in den hinteren Teil ging, um einen Freund zu suchen, warteten sie schon auf mich. Sie waren zu viert. Sie hatten ein heißes Rohr dabei. Einer von ihnen wohnte in der Nähe der Schule, und dort hatten sie es erhitzt. Es war ein Plastikrohr, das halb geschmolzen war. Sie hielten mich fest und drückten es mir auf die Hand. Dann auf den Arm. Und auf den Rücken. Ich bin nach Hause gerannt. Meine Oma hat mich behandelt und zum Arzt gebracht. Ich bekam eine Salbe, zum Draufschmieren. Und ein großes Pflaster. Meine Oma war es leid, dass ich verprügelt wurde, sie sagte, sie sei es leid, dass sie mir so wehtun. Deshalb bin ich jetzt hier, weil sie mir so wehgetan haben.

Dienstag, 18. März

Im Hof habe ich mich mit einem älteren Jungen aus Guatemala unterhalten. Er ist etwa vierzehn, fünfzehn. Nach dem Mittagessen sind wir rüber zum Fußballplatz, aber wir mussten warten, weil gerade Mexiko gegen Honduras spielte.

Der Junge erzählte, dass er vorher in einem anderen Heim gewesen war und dass es dort auch Mädchen gab. Dabei hat er gelacht, ich glaube, er hatte dort eine Freundin. Aber es gab dort die Regel, dass du zu den anderen immer eine Armlänge Abstand halten musst. Außer beim Sport. Und du darfst dich nicht zu nah neben jemanden setzen, außer beim Mittagessen, denn die Betreuer passen auf, dass du nichts Verbotenes machst. Er meinte, manche würden sich als Pärchen zusammentun, um Probleme zu vermeiden. Und er lachte wieder, ich glaube, er hatte dort wirklich eine Freundin. Ich wollte ihn fragen, aber es war mir peinlich.

Freitag, 21. März

Heute war es wahnsinnig kalt, und keiner wollte in den Hof. Alle wollten drinnen spielen. Fernsehen. Oder Videospiele spielen. Gestern und heute durfte ich auch Videospiele spielen. Plötzlich kam jemand angerannt und brüllte, wir sollen in den Hof kommen, das müssten wir sehen. Wir sind alle rausgerannt. Draußen schneite es. Ich zog mir die Handschuhe aus, streckte die Hände aus und schaute zum Himmel. Der Schnee sah aus wie Watte, aber als ich ihn berührte, war es pures Eis.

Samstag, 22. März

Am Morgen haben wir eine Schneeballschlacht gemacht. Es hatte aufgehört zu schneien, aber es war viel Schnee gefallen und so kalt, dass er nicht schmolz. Wenn man die Handschuhe anließ, wurden sie feucht. Wenn man sie auszog, war der Schnee so kalt, dass einem die Hände wehtaten. Fast so, als würde der Schnee sie verbrennen.

Montag, 24. März

Keiner sagt etwas, und ich weiß nicht, wie lange ich noch bleiben muss. Ein paar Kinder sind schon ewig hier, zwei Monate, acht Monate, sogar ein Jahr. Diese Kinder sind oft traurig, aber die anderen machen ihnen Mut, sie sagen, es gibt Hoffnung, von hier wegzukommen. Auch den Kindern, die gehen, machen sie Mut, sie sagen, dass es ihnen gut gehen wird.

Ich weiß nicht, ob sie mich zu meiner Mutter nach Los Angeles oder zurück zu meiner Oma nach El Salvador schicken. Aber meine Oma kann sich nicht mehr um mich kümmern, weil mein Opa im Krankenhaus liegt und es ihm sehr schlecht geht. Das sagte damals meine Oma, und sie meinte, ich müsste weg. Sie steckten mich in ein Auto, ich hatte keine Ahnung, wohin es ging. Es war ein Pick-up, und wir fuhren zuerst nach Guatemala. Wir waren etwa dreizehn Leute. Erwachsene und ein paar Kinder mit Verwandten. Von Guatemala ging es in einem Bus weiter nach Mexiko. Wir bekamen nichts zu essen, aber ich hatte keinen Hunger, denn ich machte mir die ganze Zeit Sorgen. Ich hatte Angst. Ich hatte Angst, weil ich nicht wusste, was passierte und wo wir waren. Meine Oma hatte mir so gut wie nichts erklärt. Ich hatte nur gehört, wie sie mit jemand anderem darüber redete und sagte, sie bitte Gott, dass ich nicht durch die Wüste muss. Und dass mich in Mexiko nicht die Zetas schnappen, denn wenn die Zetas ein Kind schnappen, muss man Geld auftreiben, um sie zu bezahlen.

In Mexiko mussten wir den Bus wechseln, um nach Monterrey zu kommen. Bis Monterrey hielt der Bus nicht. Dort brachte man uns in ein Haus, aber das Haus war voller Moskitos. Da waren noch mehr Leute, noch mehr Flüchtlinge. Die Männer schliefen im Wohnzimmer, auf Matratzen auf dem Boden, und die Frauen in den anderen Zimmern. Wir bekamen Sandwichs und Burritos zu essen. Einmal kam die Grenzpolizei, und wir mussten uns verstecken. Ich versteckte mich in einem der Zimmer. Der Polizist, der die Tür aufmachte, sagte, da ist keiner, und sie gingen wieder.

Danach haben sie uns mit Taxis zu einem anderen Haus gebracht, einem sehr kleinen. Dann ging es mit einem anderen Pick-up weiter zum Fluss. Wir waren etwa siebzehn Leute auf mehreren Pick-ups. Wir überquerten den Fluss mit einem Boot, einem Ruderboot. Sie hatten nur zwei Boote, um die Leute rüberzubringen, ungefähr sieben in jedem Boot. Ich gehörte zu denen, die als Zweite fuhren. Es regnete, ein feiner Nieselregen. Es war Nacht. Wir liefen etwa eine halbe Stunde, dann kamen Pick-ups. Die Grenzpolizei schnappte uns. Alle wurden geschnappt.

Sie brachten uns zu einer Wache und steckten uns in einen Kühlschrank. Da waren nur Jungen, und nur vier waren so alt wie ich. Ein Beamter redete mit mir. Ich sagte ihm nur meinen Namen, aber sie durchsuchten meine Sachen, und meine Oma hatte einen Zettel in meinen Rucksack gesteckt, mit der Telefonnummer meiner Mutter und der von einer Tante, die auch in den USA lebt. Drei Tage war ich im Kühlschrank.

Dienstag, 25. März

Die Beraterin meinte, was ich geschrieben habe, sei sehr gut. Besonders das mit den Verbrennungen und wie sie mir wehgetan haben. Das sei sehr mutig von mir. Sie fragte mich, ob ich ihr noch mehr davon erzählen will. Reden würde manchmal helfen, sich besser zu fühlen. Ich sagte, dass sie mich auch außerhalb der Schule belästigt hätten. Die von den Banden. Es gab mehrere. Viele. Sie hatten Messer. Sie sagten, wenn ich mich ihnen nicht anschließe, wenn ich zehn bin, würden sie mich umbringen. Und meine Freunde auch. Das sagten sie auf der Straße zu uns, nach der Schule. Wir hatten Angst und rannten weg. Meine Cousine musste auch die Schule wechseln, weil ein paar Jungen sie belästigt haben.

Meine Großmutter meinte, dass die Banden unser Land zerstört und alles ins Chaos gestürzt haben. Dass die Leute ihre Gemeinden verlassen, ganze Städte, dass sie ihre Felder aufgeben, ihre Tiere, um woandershin zu gehen. Und dass die Leute sich nicht trauen, über das zu reden, was in den Gemeinden passiert. Dass ich deshalb gehen muss. Auch wenn es sehr gefährlich ist. Aber wer nicht wagt, der nicht gewinnt.

Mittwoch, 26. März

Die Beraterin hat gesagt, mein Antrag sei durch. In ein paar Tagen könnte ich zu meiner Mutter, sie würden mich in ein Flugzeug setzen und zu ihr schicken.

(Wir haben beim Fußball gegen die aus Honduras verloren. Aber gegen Mexiko haben wir im Elfmeterschießen gewonnen.)

Freitag, 28. März

Sie weckten mich ganz früh und sagten, ich solle aufstehen und mich waschen. Wir fuhren erst mit einem Pick-up und dann weiter mit dem Zug zum Flughafen von Chicago. Wir waren zu siebt. Am Flughafen verabschiedete ich mich von ein paar der Jungen. Zwei flogen nach New York und einer nach Carolina. Wir anderen vier flogen nach Los Angeles. Der Flug sollte um halb acht gehen, aber er hatte Verspätung. Unser Begleiter rief meine Mutter an, um ihr zu sagen, dass sie mich am Flughafen abholen soll. Wir hatten etwa drei Stunden Verspätung, was mir ewig vorkam. Aber es war schön, im Flugzeug zu sitzen. Als wir ankamen, rannte ich zum Ausgang, und da sah ich meinen kleinen Bruder, und meine Mutter erkannte mich.

Ich umarmte sie einfach nur. Ich umarmte sie. Ich umarmte sie ganz fest, denn ich erkannte sie nicht wieder. Ich hatte sie mir größer vorgestellt.

Mein Stiefvater fuhr uns mit dem Wagen zum Haus, in dem wir wohnen würden. Oder besser gesagt, wo ich von jetzt an wohnen würde, denn sie wohnten ja schon dort. Meine Mutter, mein Stiefvater und mein Bruder, den ich noch gar nicht kannte. Mein Stiefvater parkte vor einem riesigen Haus und sagte, wir sind da. Wow, sagte ich, das gehört alles meiner Mama? Die drei prusteten los. Auf was für Ideen du kommst, Dylan, sagte meine Mutter.

Sie lebten bloß in einer von den Wohnungen.

Lieber sterbe ich unterwegs

Die Ampel sprang auf Rot, und der Mann im Pick-up nutzte die Gelegenheit, um seine Nachrichten zu checken. Sein Kopf war gesenkt, sein Hals tat ihm weh, weil er diese Geste im Laufe des Tages unzählige Male wiederholt hatte. Es war kurz vor sieben und bereits dunkel.

Das leise Klopfen an der Scheibe ließ ihn aufblicken, er war der Dritte in der Schlange vor der Ampel. Er dachte, jemand hätte die Windschutzscheibe geputzt, ohne dass er es bemerkt hätte, und würde ihn jetzt um Geld bitten. Verdammt. Aber nein: Die Windschutzscheibe war noch genauso schmutzig. Wieder klopfte jemand an das Seitenfenster: Es waren zwei Kinder, ein Mädchen und ein Junge. Automatisch machte er ihnen ein Zeichen, dass er ihnen nichts geben würde, und konzentrierte sich wieder auf sein Handy.

Die Ampel zeigte weiter Rot, und es vergingen keine zwei Sekunden, bis es wieder klopfte. Wütend ließ er das Fenster herunter.

»Können Sie uns mitnehmen?«, fragte das Mädchen. Es war jünger als der Junge. »Wir können auch hinten mitfahren, auf der Ladefläche.«

Er sah sie an, während die Ampel auf Grün umsprang. Sie wirkten nicht wie Straßenkinder, sie waren schmutzig, die Kleidung halb zerlumpt, aber sie hatten nicht diesen trostlosen Gesichtsausdruck von Straßenkindern, die bereits wussten, dass sie keine Zukunft haben – in ihren Gesichtern war noch Hoffnung. Der Junge, den er auf fünfzehn, höchstens sechzehn schätzte, hatte den linken Arm in Gips. Das Mädchen war keine zehn. Er hörte das wütende Hupen der Autos hinter sich und starrte auf die Lücke, die sich zwischen seinem Pick-up und der Kreuzung aufgetan hatte.

»Wo wollt ihr hin?«, fragte er.

»Zur Grenze«, antwortete das Mädchen, das trotz seines geringeren Alters gesprächiger als der Junge zu sein schien. Vielleicht hoffte sie darauf, Mitleid zu erregen, vielleicht war es die Strategie der beiden, damit sie jemand mitnahm.

»Das ist ganz schön weit«, sagte der Mann. »Mehr als tausend Kilometer.«

»Wissen Sie, ob ein Bus oder so dahin fährt?«, fragte der Junge.

Der Fahrer im Wagen hinter dem Pick-up schaltete das Fernlicht ein und drückte hysterisch auf die Hupe, immer schneller und lauter.

»Wie schlecht erzogen die Leute sind«, sagte der Mann.

Plötzlich öffnete er die Tür, die Kinder machten einen Schritt zurück, um ihn vorbeizulassen, und er ging zu dem Wagen, dessen Fahrer ihn wild gestikulierend aufforderte, endlich weiterzufahren. Der Mann aus dem Pick-up beugte sich zum Fenster auf der Fahrerseite hinunter.

»Siehst du nicht, dass ich beschäftigt bin?«, sagte er zu dem Fahrer, einem alten Mann, der aussah wie ein Beamter oder Universitätsprofessor.

»Du behinderst den Verkehr, Kumpel«, sagte der andere, aber er hatte den Satz noch nicht beendet, als er ihn schon bereute, denn im selben Moment sah er die Pistole, die aus der Innentasche der geöffneten Jacke des Mannes mit dem Pick-up herausschaute.

»Gibt es ein Problem?«, fragte der Mann mit dem Pick-up und warf aus dem Augenwinkel einen Blick in seine Jacke.

Der Typ fuchtelte am Lenkrad herum, um die Spur zu wechseln.

»Nein, nein, alles bestens. Entschuldigen Sie die Störung.«

Der Mann ging zurück zu seinem Pick-up. Die Kinder standen da und warteten auf ihn.

»Na los«, sagte er, »ich nehme euch mit.«

»Wohin?«, fragte der Junge.

»Steigt ein, oder wollt ihr hierbleiben?«

Ohne den Jungen zu fragen, ging das Mädchen um den Pick-up herum. Sie hatte Angst, dass der Mann es sich noch einmal anders überlegte. Sie waren den ganzen Tag gelaufen, und die Aussicht, sich zu setzen und voranzukommen, wohin auch immer, war zu verlockend.

»Warte«, sagte der Junge.

Das Mädchen ignorierte ihn, und der Junge hatte keine andere Wahl, als ihr zu folgen. Als das Mädchen die Tür öffnete, hielt der Junge sie fest und wollte vor ihr einsteigen.

»Erst die Dame, mein Herr«, sagte der Mann.

Der Junge setzte sich in die Mitte, neben den Mann, und das Mädchen zog die Tür hinter sich zu.

»Ich sagte, erst die Dame«, sagte der Mann.

Der Junge rührte sich nicht.

»Oder ihr steigt aus«, drohte der Mann.

Das Mädchen kletterte über den Jungen und stieß ihn zur Seite, damit er sich neben die Tür setzte.

»So ist es gut«, sagte der Mann. »Wenn ich euch schon einen Gefallen tue, könnt ihr wenigstens dankbar sein.«

Die Ampel war wieder auf Rot gesprungen, und der Mann gab Gas, um die Straße zu überqueren. Zwei Autos mussten eine Vollbremsung machen, um einen Unfall zu vermeiden.

»Sie sind bei Rot über die Ampel gefahren«, sagte der Junge.

»Danke für den Hinweis«, antwortete der Mann.

An der nächsten Kreuzung bog er nach rechts ab, Richtung Stadtrand.

»Seid ihr ohne Kojoten* unterwegs?«, fragte er.

»Wir haben kein Geld«, sagte das Mädchen. »Dafür hat es hat nicht gereicht.«

»Wie heißt du?«

»Nicole.«

»Und du?«, wandte er sich an den Jungen.

»Mein Bruder heißt Kevin«, sagte das Mädchen.

»El Salvador?«

»Nein, aus Guatemala«, sagte das Mädchen.

»Und wie seid ihr bis hierher gekommen?«

Wieder antwortete das Mädchen:

»Mein Bruder hat mich gefragt: Nicole, wollen wir nicht unsere Mutter sehen? Und ich habe ja gesagt. Da meinte er, wir müssen Geld sparen. Und wir haben angefangen zu sparen, aber es war zu wenig, das Geld ist uns ausgegangen.«

»Mit dem Geld, das wir gespart hatten, sind wir mit Autos und Bussen gefahren«, ergänzte der Junge.

»Und wo lebt eure Mutter?«

»In Los Angeles«, antwortete das Mädchen.

Der Mann steuerte zielsicher durch ein Labyrinth aus Straßen in einer Gegend, die aussah wie ein Industriegebiet: Fabriken, Lagerschuppen, Brachen, Höfe von Lieferfirmen, wo Dutzende von LKWs und Sattelschleppern standen.

»Wie heißt das hier?«, fragte das Mädchen.

»Was meinst du?«

»Die Stadt, wo wir sind«, sagte das Mädchen.

»Ihr wisst nicht, wo wir sind?«

Die Kinder schwiegen.

»Und wie wolltet ihr dann zur Grenze kommen?«

* Mexikanische Bezeichnung für Schlepper, die Menschen über die Grenze in die USA bringen. (Anm. d. Übers.)

»Wir fragen Leute, und manchmal helfen sie uns«, sagte das Mädchen. »Manchmal fragen sie, ob wir Hunger haben, und geben uns Burritos. Oder Tacos.«

»Und was ist mit deinem Arm passiert?«, fragte der Mann den Jungen.

Der Junge fuhr sich mit der rechten Hand über den Gips, antwortete aber nicht.

»Was ist? Hat es dir die Sprache verschlagen?«

»Den haben ihm welche von einer Bande in Guatemala gebrochen«, sagte das Mädchen. »Sie haben ihn auf der Straße verprügelt, als er vom Fußball kam. Er sollte bei ihnen mitmachen, aber er wollte nicht, und da haben sie ihm den Arm gebrochen.«

»Und bei wem habt ihr in Guatemala gelebt?«, fragte der Mann.

»Bei unserer Tante«, sagte das Mädchen. »Als unsere Mutter in die USA gegangen ist, haben wir zuerst bei meiner Oma gewohnt, aber dann wurde sie von einer Bande umgebracht, weil sie das Geld nicht mehr zahlen wollte, das sie von ihr kassierten. Weil wir ein paar Läden hatten, dachten die, wir hätten Geld. Sie belauern die Läden, wo es ihrer Meinung nach Geld gibt, die Läden und alle, die dort arbeiten, und verlangen Geld von ihnen. Meine Mutter sagt, sie wollen sich rächen. Weil sie auch abgehauen ist, wollen sie unsere ganze Familie fertigmachen. Meine Mutter hat uns Geld aus den USA geschickt, und einen Teil davon musste meine Oma der Bande geben. Meine Mutter hat gearbeitet, um die Bande zu bezahlen, und deshalb hatte es meine Oma satt und wollte nicht mehr zahlen, und da haben sie sie umgebracht. Und meinen Onkel auch. Deshalb sind wir hergekommen, Kevin hat immer gesagt, er würde lieber in Mexiko sterben, als in Guatemala umgebracht zu werden. Er hat immer gesagt: Nicole, lieber sterbe ich unterwegs.«

Der Junge gab dem Mädchen einen leichten Tritt ans Bein. Wenn er nicht am Arm verletzt gewesen wäre, hätte er ihr schon längst mit dem Ellbogen in die Seite gestoßen, damit sie endlich den Mund hielt.

»Was ist?«, sagte das Mädchen.

Sie ließen das Gewerbegebiet hinter sich und nahmen eine Landstraße. Auf einem Straßenschild konnte der Junge lesen: Zacatecas 80 km.

»Wohin fahren wir?«, fragte er erneut.

Der Mann stellte das Radio an.

»Gefällt dir die Musik?«, wandte er sich an das Mädchen.

»Ja, sehr«, sagte sie.

»Wähl einen Sender aus«, sagte der Mann.

Das Mädchen stellte einen Sender ein, der Música Norteña* spielte, aber dann suchte sie weiter, bis sie einen mit Liedern auf Englisch fand. Die Straße war leer, nur selten kam ihnen ein anderes Fahrzeug entgegen. Außer ein paar Reifenwerkstätten und den Resten einer verlassenen Tankstelle gab es in der Gegend so gut wie nichts. Der Mann wich geschickt den Schlaglöchern aus, als kannte er den Weg auswendig.

»Weiß eure Mutter, dass ihr hier seid?«

»Nein«, antwortete das Mädchen. »Wenn wir ihr das gesagt hätten, hätte sie uns nicht gehen lassen. Sie sagt, die Fahrt durch Mexiko ist sehr gefährlich, sie hätte viel gelitten, und sie will nicht, dass uns etwas zustößt, wenn wir allein unterwegs sind. Als wir gesagt haben, dass wir zu ihr wollen, meinte sie, dass sie am liebsten nach Guatemala zurückwill. Aber sie kann nicht, denn wenn sie zurückkehrt, bringen sie sie um.«

»Ihr seid also abgehauen«, sagte der Mann.

»Mein Bruder hat gemeint, dass wir doch unsere Tante fragen könnten, ob wir mit auf einen Schulausflug dürfen, und auf die Weise könnten wir uns auf den Weg machen«, sagte das Mädchen. »Ich hab gesagt: Und wenn unsere Tante uns nicht glaubt, Kevin? Aber Kevin meinte, dass sie uns bestimmt glauben wird, denn wir würden es machen, wenn es wirklich einen Ausflug gibt. Wir würden sie um Erlaubnis bitten, und an dem Tag würden wir uns einfach auf den Weg machen. Genauso ha-

* Populärmusik aus dem Norden Mexikos oder Gegenden in den USA mit einer hohen Zahl an mexikanischen Einwanderern. (Anm. d. Übers.)

ben wir es gemacht, wir haben unsere Tante um Erlaubnis gebeten und gesagt, wir machen einen Ausflug, und dann sind wir mit dem Geld, das wir gespart hatten, nach Mexiko gefahren, aber jetzt haben wir kein Geld mehr.«

Der Mann nahm den Fuß vom Gaspedal, bremste leicht und fuhr an den Straßenrand. In der Dunkelheit tauchte ein Streifen aus feiner Erde auf, wie aus Talk. Der Pick-up wirbelte sofort eine Staubwolke auf, die alles einhüllte. Die Piste war nicht nur nicht asphaltiert, sondern auf manchen Abschnitten musste sich der Wagen sogar zwischen Büschen und Gestrüpp den Weg bahnen.

»Wohin fahren wir?«, fragte der Junge wieder.

»Kannst du nichts anderes sagen?«, sagte der Mann. »Das ist eine Abkürzung.«

Der Mann hielt das Lenkrad fest, drückte das Gaspedal durch, und der Pick-up verlor sich in der mexikanischen Nacht.

Wir mochten uns gleich

»Hast du gesehen, wie sie uns anstarren?«
»Sie müssen was geahnt haben.«

Auf meiner Insel habe ich fast nur gelernt, ich war eigentlich nur zwischen der Schule und zu Hause unterwegs. Später, nach der neunten Klasse*, beschloss ich, in die USA auszuwandern. Meine kleine Schwester und ich wohnten bei meiner Großmutter und einem Onkel, einem Bruder meines Vaters.

Meine Mutter stammt aus Honduras, mein Vater aus El Salvador, aber als ich vierzehn war, verließ uns meine Mutter, um ein neues Leben mit einem anderen Mann zu beginnen. Sie ging zurück in ihre Heimat, und wir blieben bei unserer Großmutter, dann starb meine Großmutter, und wir waren noch einsamer.

Mein Vater war schon 2007 in die USA gegangen, um dort arbeiten und uns versorgen zu können. Er musste fort, um uns ein besseres Le-

* In El Salvador beendet ein Schüler, der alle Kurse bestanden hat, die Schule nach der neunten Klasse, mit vierzehn oder fünfzehn Jahren.

ben zu ermöglichen. Er war immer für mich und meine Schwester da. Auch für meine Mutter, bis sie lieber mit jemand anderem zusammenleben wollte.

»Wie heißt du?«
»César, und du?«
»Miguel Ángel.«

Auf der Insel, von der ich komme, kennen sich alle, es gibt nur etwa fünfhundert Einwohner, und alle grüßen sich und reden miteinander, wenn sie zur Feldarbeit oder zum Strand gehen. Als ich noch dort lebte, drohten mir meine früheren Freunde mit erhobenen Fäusten, mich zu verprügeln, und ich versuchte, mich von ihnen fernzuhalten. Sie riefen mir auf der Straße hinterher, ich hätte kein Recht zu leben. Sie drohten mir, aber ich ging ihnen so gut es ging aus dem Weg, damit es nicht noch schlimmer wurde.

»Besser, sie erfahren nichts davon.«
»Aber sie diskriminieren uns doch nicht.«
»Trotzdem, es ist besser, wenn sie es nicht wissen.«

Es wurde mir klar, als ich vierzehn war, als meine Mutter mich verließ, mich und meine kleine Schwester, da fühlte ich mich noch einsamer, und als ich mich einsam fühlte, brauchte ich jemanden, der zärtlich zu mir war, und da wurde mir klar, dass ich schwul war.

»Wie alt bist du?«
»Neunzehn, und du?«
»Siebzehn.«

Von Montag bis Freitag ging ich zur Schule. Samstags zog ich manchmal los, um den Jungen, mit denen ich früher oft zusammen war, beim Spielen zuzusehen, aber sie stellten immer irgendwelche Vermutungen an, machten Anspielungen oder sagten Dinge wie »da ist ja die Schwuchtel« und machten sich über mich lustig. Ich hörte auf, mich mit ihnen zu treffen. Weil sie solche Dinge zu mir sagten, waren sie nicht mehr meine Freunde, so was ist für mich keine Freundschaft, denn wenn jemand einen schlecht behandelt, dann ist er kein Freund.

Ich fühlte mich wohl in meiner Haut, und so ist es immer noch. Ich habe kein Problem mit mir, ich akzeptiere mich so, wie ich bin. Aber wenn die anderen mich ärgerten, hat mich das getroffen, in meiner Würde.

»Hast du keine Angst, dass dir etwas zustößt?«

»Ich habe Angst vor Mexiko, wegen der Kartelle und so ist es dort sehr gefährlich.«

Einerseits ging es mir in der Schule sehr gut, weil ich gute Noten hatte, aber andererseits ging es mir nicht so gut, weil die Jungen mich gehänselt haben, sie haben schlimme Sachen gerufen, und beim Basketball meinten sie, das sei ein Schwuchtelsport – nicht wie Fußball, der was für richtige Männer sei.

Das ging los, als sie sahen, wie ich mit jemandem redete, mit meinem Freund, und da dachten sie, dass wir was miteinander hätten, aber das stimmte nicht, wir küssten uns nicht oder so, aber sie dachten, wir hätten was und wären ein Paar. Sie sagten, ich sei schwul, und beschimpften mich. Wenn sie mich auf der Straße sahen, riefen sie mir »Schwuchtel« hinterher. Seitdem waren sie nur noch so zu mir.

»Und warum bist du hergekommen?«

»Weil man da, wo ich herkomme, nicht so sein kann, wie ich bin.«

Ich bin allein zum Strand gegangen, zu einem, wo nicht viele Leute sind, ein einsamer Strand. Ich wollte nur spazieren gehen, ich traf keine anderen, aus demselben Grund, denn auch sie behandelten mich schlecht. Ich ging auch nicht mit meiner Familie zum Strand, denn das war genauso schwierig, sie hörten die Kommentare und verurteilten mich, sie gingen mir aus dem Weg, ich bekam weder Unterstützung noch Schutz von meiner Familie oder Freunden.

Meine Familie ahnte etwas, und sie sagten schlimme Dinge. Meine Schwester erzählte meinem Onkel, ich hätte vielleicht einen Freund, und mein Onkel glaubte meiner Schwester und beschimpfte mich. Er sagte, er wolle keine Schwuchtel in seinem Haus.

»Und wo willst du hin?«

»Nach New York, zu meinem Vater.«

»Weiß er, dass du …?«

»Nein, ich habe ihm nichts gesagt. Ich weiß nicht, was passieren würde.«

Eine Zeitlang bin ich zum Lernen in die Stadt gegangen, denn auf der Insel konnte man kein Abitur machen. Also musste ich mittwochs und freitags immer aufs Festland, um dort ein Fernabitur zu machen. Damals hatten wir auf der Insel noch keinen Zugang zu Computern. In der Stadt bedrohten mich ein paar Typen, sie sagten, ich solle mich nicht wieder blicken lassen, sonst machen sie mich fertig. Ich bin sicher, dass sie gemerkt hatten, dass ich schwul bin. In meinem Land werden Schwule nicht geduldet.

In der Stadt gibt es viele Banden, die Mara Salvatrucha und die 18. Die suchen Leute, die bei ihnen mitmachen und kriminell werden wollen, und wenn du dich weigerst, drohen sie, dich umzubringen. Manchmal drohen sie nicht mal und bringen dich einfach um. Oder sie verlangen Schutzgeld.

Wenn du schwul bist, ist es noch schlimmer, Schwule werden vergewaltigt und umgebracht.

»Glaubst du nicht, dass es dort genauso ist?«

»Ich glaube, da ist es anders, ich will nicht mehr diskriminiert werden. Auf der Insel haben sie mir ständig hinterhergerufen, gepfiffen, waren schlecht zu mir, und ich wurde immer deprimierter.«

»Hoffentlich ist es dort nicht genauso.«

»Ich bin sicher, dass sie mich dort nicht so behandeln.«

Ich habe meinem Vater gesagt, dass ich zu ihm in die USA kommen will, aber ich habe nicht gesagt warum. Mein Vater weiß es nicht, er würde es auch nicht akzeptieren, wenn ich zu ihm sage: »Papa, ich bin schwul.« Er hat eine Abneigung gegen Schwule, er mag sie nicht. Deshalb habe ich ihm nie gesagt, dass ich schwul bin.

Mein Vater war immer für mich da, er hat uns Geld geschickt, aber das mit meiner sexuellen Orientierung hat er nie gewusst. Auch meinem Onkel habe ich nie etwas gesagt, aber er dachte sich, dass ich schwul bin.

»Empfindest du etwas für mich?«

Als ich schon in den USA war, schickte mir ein Cousin ein paar Nachrichten und meinte, er könne mich nicht leiden, weil ich schwul bin. Er ist in einer Bande, und da dachte ich, dass mir bestimmt was passiert, wenn sie mich abschieben. Ich hatte große Angst, und ich habe immer noch Angst vor ihm. Er gehört zur 18, und ich habe Angst, dass er mich fertigmacht, falls ich zurückkomme.

»Wäre ich geblieben, würde ich studieren, aber ich wäre die ganze Zeit in Gefahr.«

»Was würdest du denn gerne studieren?«

»Ich will Journalismus studieren.«

Auf der Reise habe ich jemanden aus meiner Heimat kennengelernt, er hieß César. Wir mochten uns gleich. Wir haben uns kennengelernt, wir haben uns sehr gut verstanden, genauer gesagt: Da war etwas zwischen ihm und mir. Er gefiel mir sehr, und ich gefiel ihm.

Wir waren zu zehnt unterwegs, acht Männer und zwei Frauen, darunter ein sechsjähriger Junge mit seiner Mutter. Sie sahen uns an und lachten, als würden sie etwas ahnen, aber sie haben uns nicht beleidigt, sie haben mich nicht belästigt. Sie waren sehr respektvoll.

Manchmal telefonieren wir noch miteinander, aber er lebt in Kalifornien und ich in New York. Wenn wir uns unterhalten, sprechen wir manchmal über diese Dinge. Ich frage ihn, ob er sich noch an mich erinnert, und er sagt ja.

Wir wissen, dass wir uns immer erinnern werden.

»Denkst du manchmal noch an mich?«

»Ja.«

Wie wir fahren würden

Der Abschied

An dem Tag sind mein Bruder und ich sehr früh aufgestanden. Wir sind zur Kirche gegangen, denn wir gehen in die Kirche, und der Pater ist ein guter Freund von uns. Wir sind hingegangen, damit er uns seinen Segen gibt, und um ihn zu bitten, dass er für uns betet. Ich hatte ein bisschen Angst, dass mir unterwegs etwas zustößt. Vor Mexiko hatte ich am meisten Angst. Die Sache mit den Kartellen und so. Vor uns hatte sich der Cousin eines Kumpels auf den Weg gemacht und etwa zwei Monate gebraucht, weil er in der Stadt der Zetas gelandet war. Die Kartelle sind sehr mächtig, und sie mussten sich in einem Haus verstecken und lange dort bleiben. Deshalb wollten wir zum Pater, aber der Pater las gerade eine Messe, und wir konnten ihm nur die Nachricht hinterlassen, dass wir aufbrechen und er für uns beten soll.

Mein Onkel, der einen Wagen hat, brachte uns zur Grenze. Wir sind um acht Uhr losgefahren und waren ungefähr um zehn in der Nähe der Grenze. Wir hielten an der Stelle, die sie uns genannt hatten, dort kam ein Bus, der zur Grenze nach Guatemala fuhr, denn wir waren ja nicht ganz bis zur Grenze gefahren. Dort verabschiedeten wir uns von allen, von meinem Onkel, meiner Großmutter, meiner Tante, von der Frau meines Onkels und von unserer kleinen Cousine. Sie hatten uns alle begleitet. Ich hatte meine kleine Cousine auf dem Schoß, und sie wollte mich nicht gehen lassen. Ich sagte nur: Warte auf mich, ich geh nur schnell Pupusas kaufen.

Ich lass dich nicht hier

Sie sagten, wir sollen den und den Bus nehmen und da und da aussteigen, und dort würden uns jemand erwarten. Also fuhren wir mit dem Bus, wir zwei allein. Wir fuhren bis zum letzten Halt, noch in El Salvador, und als wir ausstiegen, warteten schon zwei Typen mit Fahrrädern auf uns. Wir sind losmarschiert, sie vor uns, wir hinter ihnen, im Abstand von etwa fünf Metern, sie sahen sich nur um, um zu schauen, ob wir noch da sind. Dann blieb einer von ihnen stehen und wartete auf uns und verlangte alles Geld, das wir dabei hatten. Er meinte, er würde es sicher für uns rüberbringen. Wir gingen mit dem anderen weiter und kamen zu einer Stelle am Fluss, an der Grenze zu Guatemala. Er sagte, wir würden den Fluss überqueren, und ich dachte, wir würden ein Boot oder so nehmen, aber wir mussten zu Fuß hindurch, das Wasser reichte mir bis zum Bauch, meinem Bruder auch, denn wir sind fast gleich groß. Wir mussten uns die Hose und die Schuhe ausziehen, wir hatten nur noch unsere Unterhosen und Hemden an. Wir waren ganz allein, nur wir beide und der Typ, der uns begleitete. Etwas weiter weg sahen wir ein paar Männer, die Sand aus dem Fluss holten, aber sie sagten nichts zu uns.

Wir gingen durchs Wasser, und die Strömung wurde stärker, und die Steine am Boden waren ziemlich glatt, deshalb bin ich ganz vorsichtig gegangen, aber mein Bruder ist ausgerutscht. Ich sagte zu ihm: Komm, wir schaffen das, ich lass dich nicht hier. Und wir schleppten ihn weiter. Dann waren wir am anderen Ufer, in Guatemala. Wir zogen uns an, aber wir hatten noch keine fünf Schritte gemacht, keine zwei Schritte in Guatemala, als ein Guatemalteke mit einer Sturmhaube und einem Messer vor uns stand. Er sagte, wir sollen ihm alles geben, was wir dabei haben. Wir haben ihn nicht richtig verstanden, da sagte der Typ, der uns gebracht hatte: Ich bin von hier, bin von hier, das gibt Probleme. Ich verstand ihn nicht richtig, denn er sprach sehr schnell. Am Ende gab er ihm nur zwanzig Dollar, und wir verschwanden.

Wir liefen etwa fünfzehn Minuten und kamen zu einem unbefestigten Weg, und der andere Typ, der, von dem wir uns getrennt hatten, erwartete uns bereits. Er sagte, sie hätten ihm das Geld gestohlen, das wir ihm gegeben hatten, ein Guatemalteke hätte ihn überfallen, und er hätte ihm das Geld geben müssen.

Danach haben wir einen Bus genommen, der zum Busbahnhof von Guatemala-Stadt fuhr. Die Fahrt dauerte von etwa elf Uhr vormittags bis sieben Uhr abends.

Dann waren wir in der Hauptstadt.

Alle, die nach drüben wollen

Dort warteten wir bis Mitternacht. Zwei weitere Personen stießen zu uns. Ein Mädchen und ihr Freund. Gegen zwölf fuhren wir mit einem Bus zur mexikanischen Grenze. Um sechs Uhr morgens stiegen wir an einer Haltestelle aus, wo ein Wagen auf uns wartete. Sie brachten uns zu einem Hotel, von wo aus wir in einem Kleinbus zu einem Ort am Fluss fuhren, wo es viele Hotels gibt und wo alle ankommen, die rüberwollen. Es sind eigentlich keine richtigen Hotels, sondern Häuser, wo man etwas essen kann. Alle kommen dort an, essen, warten eine Weile, und dann bricht eine Gruppe auf. Eine andere Gruppe kommt an, und die nächste bricht auf.

Wir kamen gegen acht Uhr morgens an. Wir warteten, bekamen etwas zu essen und brachen um zehn auf.

Dort gab es Krokodile

Wir brachen in einem Boot auf, um den Fluss zu überqueren und nach Mexiko zu kommen, wir waren etwa zwanzig Leute, und es kam etwas Wasser ins Boot. Wir brauchten zweieinhalb Stunden, um von einem

Ufer zum anderen zu kommen. Wir überquerten den Fluss nicht auf geradem Weg, zum Teil, weil es Krokodile gab, aber auch, weil auf der anderen Seite die Polizei war. Einige waren schon mal drüben gewesen und wussten, dass dort kontrolliert wurde. Im Fluss gab es Stromschnellen, und sie sagten, wir sollen alle in den hinteren Teil, und wir setzten uns alle nach hinten, sodass sich das Boot vorne aufrichtete. Es hüpfte auf dem Wasser, und wir riefen: ay, ay, ay. Allen wurde schlecht. Wir hatten Angst, weil wir zum ersten Mal mit einem Boot fuhren und weil es Krokodile gab. Hier mal fünf, da mal fünf, und manche von den Leuten benahmen sich wie auf einem Ausflug: Oh, guck mal, da ist noch eins und da noch eins und da vorn ein Affe.

Wir fuhren ans Ufer, um Treibstoff zu laden, wir hielten nicht, fuhren nur ganz langsam, und sie reichten uns den Treibstoff. Einer der Typen, die das Boot steuerten, musste ins Wasser steigen, und fast hätte ihn ein Krokodil gefressen, aber wir brüllten laut und warfen einen Stein nach dem Krokodil, und der Mann konnte sich retten. Danach erreichten wir die Stelle, wo wir ausstiegen.

Schnell und leise

Wir liefen etwa eine Viertelstunde oder mehr nach Mexiko hinein. Wir hatten ziemliche Angst. Wir kamen zu einem Haus, wo uns mehrere Wagen erwarteten, Pick-ups mit Blechwänden hinten drauf. Wir stiegen auf und setzten uns, und wegen den Wänden konnte man uns nicht sehen. Sie brachten uns zu einem Haus aus Holz und Zement. Dort lebten etwa fünf Personen, sie gaben uns zu essen, wir schliefen, es war ziemlich kalt. Es waren irgendwelche Indios. Nur einer konnte unsere Sprache. Einer von fünf. Der Freund des Mädchens und ich schliefen auf dem Boden. Mein Bruder bekam eine Hängematte und schlief neben dem Mädchen. Wir hatten unsere Pullover an, aber trotzdem war es sehr kalt.

Um drei Uhr morgens ging es weiter, wieder in den Wagen mit den Wänden. Alle schwiegen. Es waren drei Pick-ups. Auf einem fuhren zwanzig Leute mit, auf einem anderen noch mal zwanzig und auf dem dritten fünfzehn. Wir waren bei den fünfzehn dabei, im Sitzen, fast liegend, damit man uns nicht sah. Das ging etwa drei, vier Stunden so. Irgendwann hielten wir, weil vor uns eine Polizeisperre war, um die mussten wir zu Fuß herum. Wir liefen etwa zehn Minuten. Schnell. Schnell und leise. Keiner sagte ein Wort. Und wer doch etwas sagte, wurde aufgefordert, still zu sein, sie sagten: Sonst schnappen sie uns, sonst schnappen sie uns …

Wir kletterten wieder auf die Pick-ups und kamen zu einer Stelle, wo wir in einen Bus umstiegen. Das war in einem Dorf, ich weiß nicht wo, ich habe die Namen vergessen. Wir stiegen in diesen Bus, um in ein anderes Dorf zu fahren, und dort wartete ein anderer Pick-up und brachte uns zu einem Haus.

Irgendwann kommt der Moment

Dort gaben sie uns zu essen, wir ruhten uns eine Weile aus, duschten, und danach, schon am späten Nachmittag, so um sechs, erklärte uns unser Begleiter, wie wir fahren würden. Er sagte, dass ein Bus käme und wir unten im Gepäckraum mitfahren würden. Wir fuhren zur Haltestelle, und als der Bus hielt, standen wir alle um ihn herum, und dann kletterten zuerst das Mädchen und ihr Freund hinein, dann der Mann, mein Bruder und zum Schluss ich, ich war der Letzte. Wir waren zu fünft im Gepäckraum, ich direkt neben der Tür. Der Mann, der uns im Gepäckraum unterbrachte, sagte, dass irgendwann die Klimaanlage ausgeht. Denn jeder Gepäckraum hat eine Klimaanlage, für den Fall, dass sie etwas transportieren, das schmelzen kann, solche Sachen. Er sagte, irgendwann gehen das Licht und die Klimaanlage aus, dann wären wir im Busbahnhof, wo sie uns abholen, und dort dürften wir nicht reden, kein Wort. An der Tür gab es ein Telefon, das mit dem Fahrer verbunden war, er würde mir Bescheid sagen, wenn wir aussteigen mussten.

Als der Bus später anhielt, schwiegen wir, machten nicht das leiseste Geräusch. Ich hatte das Gefühl, zu ersticken, ich habe Angst vor engen

Räumen, ich brauchte Luft. Zehn oder fünfzehn Minuten standen wir dort. Dann fuhr der Bus weiter. Etwa zweieinhalb oder drei Stunden. Wir versuchten, etwas zu schlafen, aber es ging nicht. Wir redeten darüber, wie es weiterging und wie wir über die Grenze kommen würden. Dort unten im Bus lernten wir uns erst richtig kennen. Dann meldete sich der Fahrer und sagte, er würde eine Pause machen, er würde nur fünf Minuten halten und wir müssten aussteigen. Er hielt an, irgendwer stieg aus und öffnete die Klappe, sie zogen die Vorhänge auf, wir kletterten raus, ganz schnell, und dicht neben dem Bus gingen wir zu einem Wagen, der auf uns wartete.

Wir waren bereits in Mexiko-Stadt.

Dann luden sie noch mehr Leute ein

Sie sagten, wir sollten die Jacken anziehen, es würde ziemlich kalt werden. Es gab noch einen Wagen, der auf uns wartete, um uns zu einem anderen Haus zu bringen, und in dem Haus blieben wir drei Tage, weil ständig Leute kamen und gingen, die nach drüben wollten. Weil ich kochen kann, habe ich Hühnersuppe für alle gemacht. Wir konnten in Betten schlafen und haben geduscht.

Am dritten Tag kamen sie mit einem Auto, um uns zu holen. Sie sagten, dass sie uns mit einem Lastwagen nach Monterrey bringen. Wir fuhren im Auto mit, und mitten auf der Landstraße stiegen wir in einen anderen Wagen um. Der brachte uns zu einem anderen Haus, wo wir wieder warten mussten, dann stiegen wir in den Lastwagen, vorne in die Fahrerkabine. Wir fuhren etwa zwei Stunden, es war einigermaßen bequem, aber dann luden sie noch mehr Leute ein, immer mehr und noch mehr. Später mussten wir in einen anderen Lastwagen umsteigen, und diesmal saßen wir hinten.

Zuerst waren wir etwa fünfzig, sechzig Personen, es war bequem, man konnte sich setzen, sogar hinlegen. Der Lastwagen hatte zur Hälfte Möbel geladen, und in der anderen Hälfte waren wir. Es war bequem, wir konnten uns gut bewegen. Dann hielt der Lastwagen, und sie luden noch etwa zwanzig Leute mehr ein, und dann noch ein Halt und noch mal zwanzig. Und immer so weiter. Am Ende waren wir um die hundertfünfzig, dicht gedrängt, keiner bekam Luft, ich bekam keine Luft, denn ich bin etwas dicker ...

Irgendwann spürte ich meine Füße nicht mehr, so eng war es, da bin ich aufgestanden und habe zu meinem Bruder gesagt, er soll sich auf meinen Platz legen und sich ein bisschen ausruhen. Ich stand, und weil es drinnen so warm und dunstig war, schwitzte das Dach, und weil es draußen kalt war, fielen eisige Tropfen auf uns runter. Ich versuchte mich anzulehnen und zu schlafen, aber die Tropfen weckten mich, sobald ich eindöste.

Neben uns waren ein paar große Mexikaner, die die ganze Zeit quatschten und Sauerstoff verbrauchten, aber die anderen dachten, dass wir es waren. Und alle sagten: Seid endlich still, seid endlich still.

Man hatte uns gesagt, dass der Fahrer, wenn eine Mautstelle kommt, beim Anhalten zweimal den Motor aufheulen lässt. Und wenn er ihn nur einmal aufheulen ließ, hieß das, dass die Polizei da war, dass man sie verhaften würde.

Wir waren zwölf Stunden oder mehr in diesem Lastwagen, ich konnte die Uhrzeit auf dem Handy sehen. Dann stiegen nach und nach Leute aus, einer nach dem anderen, und als fast keiner mehr hinten war, forderten sie uns auf, uns nach vorn zu setzen. Wir waren die Letzten, die ausstiegen. Sie ließen uns an einer Tankstelle raus.

Da waren wir schon in Monterrey.

Tut so, als ob ihr schlaft

Als Nächstes holte uns ein Wagen ab und brachte uns zu einem Haus, von wo uns ein anderer Wagen zu einer Haltestelle für besondere Busse brachte. Mit einem davon würden wir von Monterrey nach Reynosa fahren. Da sagte der Mann zu uns: Also, nach einer oder anderthalb Stunden hält der Bus an, dann kommt ihr an einem Posten der Grenzpolizei vorbei. Als ich das hörte, habe ich mich erschrocken. Aber er meinte, dass der Posten wahrscheinlich schon geschlossen sei, und falls er aus irgendeinem Grund offen wäre, sollten wir so tun, als ob wir schliefen, dann würde uns nichts passieren.

Und genauso war es, nach etwa zwei Stunden kamen wir an einem geschlossenen Posten vorbei. Dafür hielten uns eine halbe Stunde später ein paar Soldaten an. Der Mann hatte gesagt, dass wir in so einem Fall auch so tun sollten, als würden wir schlafen, dann würden sie uns nicht aus dem Bus holen. Sie hielten uns an, und mein Bruder schlief wirklich. Sie sagten: Wer Gepäck hat, steigt aus, das Gepäck wird kontrolliert. Weil wir nichts dabei hatten, blieben wir sitzen. Wir taten so, als ob wir schliefen. Sie schalteten das Licht an, um uns besser zu sehen, sagten aber nichts.

Wir fuhren weiter nach Reynosa, es war schon Morgen, und dort wartete der nächste Wagen, um uns zum Schuppen zu fahren. Schuppen, so nennen sie es.

Wir fuhren ganz vorsichtig

Im Schuppen waren wir nur fünf Blocks vom Fluss entfernt. Alles war voller Leute. Sie kamen, gingen, kamen, gingen. Wir schliefen auf dem Boden, und wenn sie sagten: Stellt euch hintereinander auf, es gibt Essen, musstest du rennen, einen Teller schnappen, ihn abwaschen, sonst bekamst du nichts.

Sie machten zwei Touren, eine am frühen Morgen und eine nachts. Im Schuppen verbrachten wir ebenfalls drei Tage. Sie warteten auf noch mehr Leute, denn wir würden uns der Grenzpolizei stellen müssen. Wir mussten uns stellen, denn sonst müssten wir lange durch die Wüste laufen, und ich habe Probleme mit der Gesundheit, abgesehen von meinem Übergewicht ist mein Herz zu groß, und ich bin schnell erschöpft. Deshalb könnte es sein, dass ich nicht lange durchhalte in der Wüste.

Am Morgen brach eine Gruppe auf, die sich der Polizei stellen würde, dann, am Morgen des zweiten Tages, gingen vier Jungen, ein fünfjähriges Mädchen und ein weiterer Junge mit seinem Vater los. Sie brachen im Morgengrauen auf und nahmen eine Stelle im Fluss, die etwas weniger tief war, aber dafür mit einer umso schnelleren Strömung. Sie gingen durch das Wasser, und die Strömung riss das Mädchen mit. Das Mädchen ging an der Hand eines Erwachsenen, aber er konnte sie nicht festhalten, und der Fluss riss sie mit. Es war ein kleines Mädchen, fünf Jahre alt, aus Honduras.

Dann kam der Chef und fragte: Wer sind die, die sich stellen wollen? Wir sollten die Hand heben. Er sagte, wir müssten noch einen Tag warten, bis eine andere Gruppe kommt.

Am dritten Tag, in der Nacht, brachen wir auf. Wir waren eine Mutter mit einem kleinen Kind im Arm, zwei Jungen aus Guatemala, acht und sieben Jahre alt, die nur Quiché sprachen, ein Vater mit seiner Tochter und mein Bruder und ich. Wir gingen zu einer Stelle am Fluss, wo ein Schlauchboot lag. Sie pumpten es auf und setzten es ins Wasser. Zuerst stieg der ein, der es steuern würde. Dann alle anderen. Ich, mein Bruder, die Frau mit dem Kind, die uns half, die zwei kleinen Jungen und zum Schluss der Vater mit dem Mädchen.

Wir fuhren ganz vorsichtig, ruderten, um keinen Lärm zu machen. Wir hatten gehört, dass es dort auch Krokodile geben soll. Ich weiß nicht, ob das stimmt, ich habe keins gesehen. Wir ruderten ganz vorsichtig, um keinen Lärm zu machen.

Wir erreichten das andere Ufer, kletterten hoch und warteten eine Viertelstunde, bis die vom Grenzschutz kamen. Es waren zwei, auf einem Quad, und wir gingen mit ihnen.

Ich hatte ein Stück Karton dabei, von einer Medikamentenschachtel, und darauf standen die Telefonnummer von meiner Mutter und die von ihrer Arbeit, damit sie ihr Bescheid sagen konnten.

Das Seil

Vor uns ist der Fluss, das Wasser, das schnell fließt, als wäre es ein Mensch mit schlechtem Charakter, wütend, sehr böse. Alle haben Angst, und einige versuchen, das Ganze zu organisieren, zu sagen, wer zuerst rüber muss und wer danach. Sie wollen wissen, ob wir schwimmen können. Ich sage geht so, ab und zu schwimme ich im Meer, in meinem Dorf, in Puerto Cortés. Meine Cousine macht sich noch mehr Sorgen, wegen ihrer Tochter, sie drückt sie fest an ihre Brust und wiegt sie. Um sie zu beruhigen, sagt sie, aber ich glaube, das macht das Baby noch nervöser. Es brüllt und brüllt. Bestimmt hat es Hunger oder ist müde.

»Wie alt ist das Mädchen?«, fragt sie ein Mann mit einer Taschenlampe.

»Acht Monate«, antwortet meine Cousine.

»Bist du allein hier?«, fragt er.

»Mit meiner Cousine«, antwortet sie und deutet mit dem Kinn auf mich.

»Und der Vater der Kleinen?«

»In Honduras«, sagt meine Cousine. »Er wollte nicht für sie aufkommen, seine Tochter hat ihn nie interessiert.«

Von weitem hört man die Schreie der Leute, die den Fluss durchqueren. Als Erstes ist ein Mädchen losgegangen, das es aber nicht schafft, weil es zu dick ist. Obwohl es dunkel ist, können wir sie im Mondschein sehen. Sie klammert sich mit aller Kraft an das Seil, aber weil sie so nervös ist, geht sie immer wieder unter.

»Hilfe, Hilfe, Hilfe!«, schreit das Mädchen.

Sie schreit, dass sie ertrinken wird, und alle bekommen einen Schreck, und plötzlich fangen viele an zu schreien. Einige schreien vor Angst, andere, um sie zu beruhigen. Und wieder andere schreien, dass die Grenzpolizei sie hört, wenn sie nicht aufhören zu schreien. Einige Leute am Ufer fangen an zu weinen, als sie die Leute im Fluss schreien hören.

»Ich will nicht sterben, ich will nicht sterben«, jammert ein völlig durchnässter Junge, der es bereut hat, in den Fluss gestiegen zu sein, und wieder zurückgekommen ist.

»Möge Gott uns helfen, den Fluss zu durchqueren«, sagt eine Frau, um ihn zu beruhigen.

»Das Wasser ist eiskalt«, sagt der nasse Junge. »Sehr kalt, sehr kalt«, wiederholt er.

In der Mitte des Flusses packen zwei Männer das pummelige Mädchen und retten es vor dem Ertrinken. Langsam beruhigt sie sich, und die Leute hören auf zu schreien.

»Ihr müsst euch gut am Seil festhalten, dann passiert euch nichts«, sagt der Mann zu meiner Cousine.

»Und wie soll ich mich festhalten mit dem Kind auf dem Arm?«, fragt meine Cousine.

Der Mann denkt nach. Ein anderer sagt, wir sollen die Taschenlampen ausmachen, wir sollen Batterien sparen für die andere Seite. Es ist noch dunkler geworden, aber wenn man sich an das Mondlicht gewöhnt hat, reicht es, um ein bisschen zu sehen.

»Und du, wie alt bist du?«, fragt mich der Mann.

»Dreizehn«, sage ich. »Aber ich werde bald vierzehn.«

Er denkt wieder nach, als wollte er meine Kraft abschätzen, dann geht er, um mit ein paar anderen Männern zu reden. Meine Cousine fängt an zu weinen und sagt zu dem Baby, dass es nicht weinen soll, dass es aufhören soll zu weinen.

»Gib der Kleinen die Brust, Mädchen«, sagt eine Frau.

»Das Baby trinkt nicht an der Brust«, sage ich. »Sie gibt ihm Milchpulver, aber wir haben keins mehr.«

Die Frau beachtet mich nicht.

»Gib der Kleinen die Brust, Mädchen«, sagt sie wieder. »Das beruhigt sie.«

»Ich habe keine Milch, Señora«, antwortet meine Cousine weinend. »Der Arzt sagt, ich soll ihr Milchpulver geben, weil keine Milch kommt und sie Hunger hat.«

Der Mann kommt mit einem anderen Mann zurück, einem Mexikaner. Der mit uns geredet hat, stammt wie wir aus Honduras.

»Mit wem seid ihr unterwegs?«, fragt der Mexikaner.

»Allein«, antwortet meine Cousine.

»Ihr seid ohne Führer hergekommen?«, fragt der Mexikaner.

Wir sagen ja.

»Und wie habt ihr es bis hierher geschafft?«, fragt der Honduraner.

»Einfach so«, sage ich, »mit dem Zug.«

»Wo wollt ihr hin?«

»Nach New York«, sagt meine Cousine und reißt sich zusammen, um nicht mehr zu weinen.

»Eine Tante von uns lebt dort«, sage ich, »eine Schwester von meinem Vater.«

»Und wie wollt ihr es dahin schaffen?«, fragt der Mexikaner. »Ihr wisst, dass das sehr weit ist, oder?«

»Einfach so«, sage ich, weil ich keine Ahnung habe.

Der Mexikaner schaut auf die Uhr.

»Wie spät ist es?«, frage ich.

»Gleich drei«, antwortet er.

Die beiden Männer gehen wieder, um mit der Gruppe zu reden, die alles zu organisieren versucht.

»Ich glaube, ich werde sterben«, sagt meine Cousine und drückt das Baby an sich, das nicht aufhört zu brüllen.

Ich sage nichts, weil ich auch glaube, dass ich sterben werde. Ich höre im Dunkeln den Fluss, der sehr schnell fließt, sehr schnell, wie ein wütender, sehr böser Mensch. Die Leute, die losgegangen sind, sind nicht mehr zu sehen, sie müssten schon am anderen Ufer sein. Ich hoffe, der Fluss hat sie nicht fortgerissen.

»Gib der Kleinen die Brust, Mädchen«, sagt die Frau wieder zu meiner Cousine. »Auch wenn du keine Milch hast, das wird sie beruhigen.«

Meine Cousine gehorcht, aber das Baby will nicht. Ich glaube, es ist es nicht mehr gewöhnt, sie hat ihm fast nie die Brust gegeben.

»Wie alt bist du?«, fragt die Frau.

»Siebzehn«, sagt meine Cousine.

»Und ihr seid ganz allein hergekommen, einfach so?«, fragt die Frau.

»Ja«, antwortet meine Cousine, »einfach so.«

»Wissen eure Eltern, dass ihr hier seid?«, fragt sie.

»Nein«, sage ich, »wir sind einfach los.«

»Das heißt, ihr seid abgehauen«, sagt die Frau.

»So ungefähr«, sagt meine Cousine. »Mein Vater ist tot, und meine Mutter hat nicht immer Arbeit. Manchmal wäscht sie für andere. Wir kommen kaum über die Runden. Ich möchte, dass meine Tochter eine bessere Zukunft hat.«

»Und du?«, fragt mich die Frau. »Was machen deine Eltern?«

»Nichts«, sage ich.

»Nichts? Was meinst du damit?«

»Na ja«, sage ich, »mein Vater ist Musiker, er spielt Gitarre, aber er hat nichts Festes. Manchmal bezahlen sie ihn, dass er auf einem Fest spielt oder in einer Bar, und dann warten wir zu Hause und hoffen, dass er etwas zu essen mitbringt. Manchmal kommt er auch nicht. Oder er bringt nichts mit. Dann haben wir nichts zu essen.«

»Was für Musik spielt er?«, fragt sie.

»Punta*«, sage ich.

»Spielt er gut?«

»Ja.«

»Tanzt du gern?«

»Ja«, sage ich, »sehr gern.«

Der Mann kommt zurück. Ein paar Leute gehen los in den Fluss, andere sagen, dass sie lieber warten, dass der Fluss vielleicht bald nicht mehr so viel Kraft hat, nicht mehr so wütend ist.

»Ich trage das Baby für dich«, sagt der Mann zu meiner Cousine.

»Und wie willst du das machen?«, mischt sich die Frau ein.

»Ich halte es hoch«, sagt der Mann, »mit ausgestreckten Armen.«

»Der Fluss wird es dir aus den Händen reißen«, sagt die Frau, »das ist zu gefährlich. Und wie willst du dich festhalten, wenn du das Mädchen trägst?«

»Jemand wird mir helfen«, antwortet der Mann und dreht sich weg, weil er keine Lust auf noch mehr Fragen hat. »Wenn ich dein Baby tragen soll«, sagt er zu meiner Cousine, »dann müssen wir es gleich machen, ich werde jetzt rübergehen, und da sind andere, die mir helfen können.«

Meine Cousine sieht mich an. Ich nicke mit dem Kopf, um ihr zu sagen, dass sie es machen soll.

»Danke«, sagt meine Cousine zu ihm.

»Bedank dich lieber, wenn wir drüben sind«, sagt der Mann. »Ihr könnt nichts mitnehmen, keine Rucksäcke, nichts. Lasst alles hier. Und zieht die Schuhe aus.«

Ich bücke mich, um mir die Schuhe auszuziehen, und dann reicht mir meine Cousine das Baby, damit ich es halte, während sie ihre aus-

* Ein musikalisches Genre, das auf die festliche Musik und den gleichnamigen Tanz der Garifuna, einer indigenen Ethnie Mittelamerikas, zurückgeht. (Anm. d. Übers.)

zieht. Das Baby weint nicht mehr, ich glaube, es ist erschöpft vom vielen Weinen, es hat die Augen geöffnet und presst die Händchen zusammen, als ob es Bauchschmerzen hat. Es gähnt.

»Uns wird nichts passieren«, sage ich zu meiner Cousine. »Sieh mal, was für ein Glück du hast. Was hat der Mann davon, dass er dir hilft? Er könnte dich auch einfach mit dem Baby hierlassen und sich nur darum kümmern, wie er selbst nach drüben kommt.«

»Es ist unglaublich«, sagt sie, »dass die Leute einem helfen.«

Im Zug haben wir einen Jungen kennengelernt, der uns jedes Mal geholfen hat, wenn irgendwelche Bandenmitglieder eingestiegen sind. Wir sollten ihnen Geld geben, damit sie uns durchlassen, und der Junge half uns, dass wir nicht bezahlen mussten. Er hat uns beschützt. Keine Ahnung, wie er das gemacht hat oder was er zu ihnen gesagt hat. Er hat uns sehr geholfen. Ich dachte schon, er wollte was von meiner Cousine, aber sie meinte, sie hätte anderes im Kopf, als jetzt an einen Freund zu denken. Und dann waren da noch die ganzen Leute an den Gleisen, die uns Essen zugeworfen haben, als wir vorbeifuhren. Burritos mit Reis und Bohnen. Und Sandwichs.

Wir gehen zum Flussufer, und einige marschieren los, in einer Reihe, während sie sich am Seil festhalten.

»Wie lange brauchen wir?«, fragt meine Cousine den Mann.

»Wenn wir schnell gehen, fünfzehn Minuten«, antwortet er.

»Mindestens zwanzig«, mischt sich die Frau wieder ein.

Ich stecke die Füße ins Wasser, und die Kälte dringt in meinen ganzen Körper. Es stimmt, das Wasser ist eiskalt. Wir gehen Schritt für Schritt rein, immer ans Seil geklammert, ich vorne, meine Cousine hinter mir und dann der Mann mit dem Mädchen im Arm. Er wird von zwei Männern begleitet, die ihm helfen und ihn stützen, als würden sie ihn tragen.

»Das Wichtigste ist, dass ihr nicht nervös werdet«, sagt der Mann zu uns. »Mach dir keine Sorgen wegen dem Baby, ihm wird nichts passieren«, sagt er zu meiner Cousine.

Wir gehen weiter, das Wasser bis zu den Knien, den Oberschenkeln, bis zum Bauch. Plötzlich können wir den Grund nicht mehr berühren. Der Fluss zerrt an uns, will uns wütend mitreißen. Unsere Arme und Beine sind taub vor Kälte, wir können nur mühsam atmen. Ab und zu schlucke ich Wasser, aber ich lasse das Seil nicht los.

»Lasst auf keinen Fall das Seil los!«, schreit jemand. »Haltet euch gut fest!«

Einige beginnen zu jammern. Andere schreien, dass sie nicht mehr können, dass der Fluss sie mitreißen wird. Wir haben die Mitte erreicht, und man kann das Ufer nicht mehr sehen. Aber ich schaue nach hinten und sehe im Mondlicht das Baby in der Luft, die starken Arme des Mannes, der es beschützt, das Baby, das über dem Wasser die Grenze überquert.

Vorher und nachher

Die Suppe

Bei meiner Großmutter gab es eine Ente, die achtzehn kleine Entenküken und ein Hühnerküken hatte, denn meine Brüder und ich hatten ein Experiment gemacht: Wir haben der Ente ein Hühnerei untergeschoben, damit sie es ausbrütet, und die Ente hat es nicht bemerkt. Sie hatte einen kleinen Hahn und dachte, es wäre eine Ente, denn alle seine Geschwister waren ja Enten. Aber eines Tages haben wir nicht aufgepasst, und der größte Hund, den wir hatten, hat die Ente aufgefressen, und die Entchen und der Hahn waren Waisenkinder.

Das war, bevor meine Brüder in die USA gegangen sind. Erst mein großer Bruder, dann sollte ich mit meinem kleinen Bruder nachkommen, aber am Ende konnte nur mein Bruder gehen, und ich musste warten. Aber jetzt ist es fast so weit, und dann mache ich mich auch auf. Meine Mutter hat es uns allen versprochen, als sie in die USA gegangen ist.

»Glaubt nicht, dass ich euch vergesse«, hat sie gesagt. »Wenn ich nicht selbst zurückkomme, lasse ich euch holen.«

Jetzt fehle nur noch ich. Ich warte darauf, dass sie mir Bescheid sagen, meine Oma sagt, dass es bald so weit ist und dass sie, wenn sie anrufen, ein ganz besonderes Abschiedsessen kocht und alle meine Tanten einlädt. Bevor ich zu meiner Oma gezogen bin, habe ich bei meinen Tanten gewohnt. Zuerst zwei Jahre bei der Frau des Bruders meiner Mami, ihrer Schwägerin. Danach noch ein Jahr bei der jüngsten Schwester meiner Mami.

»Mami, was kochst du dann?«, frage ich meine Oma, denn ich nenne meine Oma Mami. Und meine Mami nenne ich natürlich auch Mami.

Aber sie will nichts verraten.

»Das ist eine Überraschung«, sagt sie.

Manchmal versuche ich mir meine Mutter in den USA vorzustellen, und meine Brüder. Aber das klappt nicht gut, weil ich nicht weiß, wie es dort ist. Am liebsten würde ich es wie in einem dieser Werbespots im Fernsehen machen, wo man sieht, wie etwas vorher und wie es nachher ist. Man sieht eine fette Frau, und nachdem sie ein paar Pillen geschluckt hat, ist sie plötzlich ganz dünn. Oder jemand, der keine Haare hat, und plötzlich hat er welche. So ähnlich. Ich weiß nicht, wie sich mein Leben ändert, wenn ich in die USA gehe, ich würde zu gerne wissen, wie es mir in ein paar Jahren geht.

Bei meiner Oma laufen alle Tiere frei herum, alle bis auf eins, einen Hahn, den meine Oma in einen Käfig gesperrt hat, denn wenn er jemand Fremden ins Haus gehen sieht, rennt er hin und pickt ihn. Einmal hat er mich zweimal hintereinander gepickt, und da hat meine Oma beschlossen, ihn einzusperren, weil er so wild ist. Er war fast wie ein Wachhund, fehlte nur, dass er bellte.

»Dieser Hahn ist wie dein Vater«, sagt Mami, also Oma.

Über meinen Vater weiß ich so gut wie nichts. Ich weiß nur, dass er weggegangen ist. Und dass er mit einer anderen Frau verheiratet ist und sich jetzt um seine Stiefkinder und ein oder zwei neue eigene Kinder kümmert. Er lebt in Guatemala, aber ich weiß nicht wo, und ich weiß auch nicht, was er macht. Er ist nur einmal hergekommen, um mich zu sehen, das war, als ich Geburtstag hatte. Meine Mama musste ihm Geld für die Fahrt schicken, sonst wäre er nicht gekommen.

Als meine Brüder noch hier lebten, haben wir am liebsten zusammen den Hügel erkundet. Wir sind mit meinen beiden Cousinen losgezogen und haben Salz und Zitronen mitgenommen, um Früchte zu essen, die wir dort gepflückt haben. Unreife grüne Mangos. Und grüne Jocotes. Viel mehr haben wir nicht gemacht, wir sind in die Schule gegangen oder waren zu Hause. Wir konnten nicht viel kaufen, weil wir kein Geld hatten, es reichte gerade so zum Überleben.

Meine Mami hier in Guatemala hilft in einem Restaurant aus, aber ich weiß nicht, warum ihr immer jemand das Geld abnimmt, wenn sie bezahlt wird, als wüssten sie, an welchem Tag sie bezahlt wird, und dann kommen sie. Manchmal hat sie es nicht mal bemerkt. Als sie zu ihrer Handtasche sah, hatte sie nur noch die Riemen über der Schulter, die Tasche hatten sie ihr abgeschnitten.

Hier in Guatemala darfst du nicht viel besitzen, denn die Leute merken sofort, dass es dir gut geht, und fordern Schutzgeld. Man darf keine Ohrringe oder Ketten tragen. Einmal hat mir meine Mami Ohrringe aus den USA geschickt, und dann sind sie verschwunden und nie wieder aufgetaucht.

Meine Mami lebt jetzt in New York und ist wieder mit jemand anderem zusammen, mit dem sie noch zwei Kinder bekommen hat. Davor hat sie in Miami gewohnt und in einem Hotel gearbeitet, bis sie dann diesen Mann kennengelernt hat. Meine Mami sagt, wenn ich bei ihnen wohne, ist er mein Stiefvater. Der Stiefvater ist auch aus Guatemala und hat zwei Kinder, die hier leben. Meine Mami und er sind seit mehreren Jahren zusammen, und er schickt uns Geld, um uns zu unterstützen, denn meine Mami arbeitet nicht immer.

Als meine Brüder vor kurzem anriefen, habe ich sie gefragt, wie der Stiefvater so ist. Sie sagten, er behandelt sie gut, aber sie dürfen nicht auf Spanisch fernsehen, nur auf Englisch, damit sie die Sprache schneller lernen. Ich werde bestimmt schnell Englisch lernen. In der Schule habe ich immer die besten Noten. Ich mag die Schule, vor allem Mathe. Die Lehrer sagen, ich habe was im Kopf, dass ich Zahlen schnell begreifen kann. Ich würde gerne Buchhalterin werden.

Mein Traum war immer zu studieren, jemand Großes zu sein, nicht berühmt, aber überleben zu können.

Meine Oma sagt, dass es morgen losgeht. Dass eine Frau kommt, um mich abzuholen, und dass ich zuerst ein paar Tage bei dieser Frau sein werde, bis die Gruppe zusammen ist, um aufzubrechen. Sie meinte, sie kocht mir das besondere Essen, das sie mir versprochen hat. Sie rief meine Tanten und Cousins an, damit sie zum Essen kommen und ich mich von ihnen verabschieden kann. Sie hat eine Suppe gekocht, die wirklich lecker war, mit Gemüse, Huhn und Reis. Am Abend, als ich meinen Rucksack für die Reise gepackt habe, fiel mir auf, dass der Hahn verschwunden war. Ich habe überall gesucht, aber der Hahn war nicht in seinem Käfig. Ich bin um das Haus herumgegangen, aber da war er auch nicht. Dann bin ich zu meiner Oma gegangen.

»Mami«, sagte ich, »ich kann den Hahn nicht finden.«

Sie lachte ein bisschen, bevor sie antwortete.

»Hast du schon in deinem Bauch gesucht?«

Mir fiel die Suppe ein und ich fing an zu weinen.

Der Brief

Es war kurz vor Weihnachten, als mein Stiefvater nach Hause kam und mir den Brief gab. Er sagte, es sei ein Brief von der Universität. Meine Mami war auch da und wartete, dass ich den Umschlag öffnete. Ich bin noch auf der High School, aber nächstes Jahr mache ich meinen Abschluss.

»Worauf wartest du? Mach ihn auf!«, sagte meine Mami.

Es war ein Brief aus Harvard, in dem sie mich an die Universität einluden, um zu sehen, ob ich dort studieren wollte. Meine Mutter und mein Stiefvater waren sehr zufrieden, obwohl sie wissen, dass Harvard für mich nicht in Frage kam, denn ich habe keine Papiere und es ist sehr teuer und ich habe keine Sozialversicherung, um mich um ein Stipendium zu bewerben. Meine Mami meinte, sie sei sehr stolz, weil ich mir so viel Mühe gegeben habe. Ich will etwas Sicheres, aber es darf nicht zu teuer sein.

Ein paar Leute von einem College kamen zu meiner High School und sprachen mit den zwanzig besten Schülern und wählten fünfzehn davon aus. Sie fragten mich, ob ich schon früher mit der Universität beginnen will. Deshalb studiere ich jetzt neben der High School schon ein paar Tage die Woche auf dem College. Ich studiere Medizin. Ich kann dort weiterstudieren oder den Kredit dafür nutzen, um an ein anderes College zu wechseln. Wenn ich noch zwei Jahre studiere, bin ich Krankenschwester, oder ich kann weitermachen, um Allgemeinärztin zu werden, oder noch länger studieren, wenn ich mich spezialisieren will.

An dem Tag, als der Brief kam, stellten wir den Christbaum auf. Es war kein großer Baum, mit nur wenig Schmuck, aber er war schön. Wir konnten keinen Baum wie im Fernsehen haben, wir sind arm, aber wir sind gute Menschen. Als wir den Baum schmückten, erinnerte ich mich an das Heim. Es war der 23. Dezember, als ich beim Überqueren der Grenze verhaftet wurde, und mein erstes Weihnachten in den USA musste ich im Kühlschrank verbringen. Dann kam ich in ein Heim, und dort haben wir manchmal Ausflüge gemacht. Zwischen Weihnachten und Neujahr sind wir losgefahren, um uns Häuser in der Gegend anzuschauen. Wir haben gesehen, wie die Häuser geschmückt waren. Sie haben einen Van geholt und sind mit uns herumgefahren. Wir sind durch Straßen gefahren, wo es viele geschmückte Häuser gab. Wir blieben im Van sitzen und haben sie von weitem betrachtet: die Lichter, den Schmuck, die Weihnachtsmänner und die Rentiere. Ich sah die Häuser, und der Gedanke, dass ich nie in einem solchen Haus leben würde, machte mich traurig. Doch jetzt lebe ich in einem solchen Haus, und ich bin glücklich. Und hoffe, dass mich nie jemand holen kommt.

Bis zum heutigen Tag

Als ich aufwachte, war ich völlig nackt, mit schrecklichen Kopfschmerzen, und diese Kopfschmerzen habe ich bis heute. Es heißt, ich hätte eine Fraktur im Kopf, sie haben ein Röntgenbild gemacht, und man konnte einen Riss sehen. Ich habe jede Woche einen Termin beim Neurologen, er verschreibt mir Medikamente gegen die Kopfschmerzen.

Ich sammelte meine Kleidung auf, die überall herumlag, und zog mich an. Als ich zu Hause war, erzählte ich meiner Mutter nichts davon. Ein Jahr lang habe ich fast jeden Tag geweint wegen dem, was mir passiert ist. Meine Mutter sah, dass ich ständig ohnmächtig wurde, dass ich Kopfschmerzen hatte, vor lauter Stress fiel mir sogar das Haar aus, ich konnte kaum schlafen, hatte Alpträume. Ich träumte von diesen Leuten. Bis ich mich eines Tages durchrang und meiner Mutter erzählte, was passiert war. Und ihr sagte, dass ich nicht mehr dort leben wollte, dass die Leute, die mir das angetan hatten, mich bedrohten. Meine Mutter erzählte es meinem Vater, und er entschied, dass ich Honduras verlassen und hierher kommen sollte, nach New York, wo er seit 2004 lebt. Das war im Mai 2014. Ich dachte, hier wäre es sicherer und hier könne mir nichts Schlimmes passieren, und deshalb beschloss ich herzukommen.

Ich fuhr mit dem Bus und später in Mexiko mit dem Zug, mit der »Bestie«, so nennen sie den Zug, und einmal bin ich fast vom Zug gefallen, um ein Haar wäre ich runtergefallen, aber Gott sei Dank ist nichts passiert. Einige Leute mit Herz haben uns Wasser und Essen geschenkt. Wenn der Zug hielt, haben sie uns etwas zu essen und trinken gegeben. Sandwichs, Wasser. Manchmal Hühnchen und Tortillas. Die Leute, mit denen ich unterwegs war, waren sehr nett. Als ich fast vom Zug gefallen bin, haben alle gelacht. Ich wollte auf den Waggon klettern und bin ausgerutscht, da haben sie gelacht, und ich auch. Und als meine Schuhe gerissen sind, haben wir auch gelacht, vom vielen Laufen sind meine Schuhe kaputtgegangen, über das alles haben wir gelacht.

Ich weiß nicht, was ich ohne sie gemacht hätte, sie haben mir sehr geholfen, mich gerettet, ich weiß nicht, wie sie das gemacht haben, denn in Mexiko wollte man uns entführen, ein paar miese Typen meinten, sie würden uns genau einen Tag geben, um das Lösegeld zu bezahlen, wenn wir nicht bezahlen würden, würden sie uns jeden Finger einzeln abschneiden. Ich hätte nie gedacht, dass sie mich entführen, mir eine Pistole an den Kopf halten würden.

Die Typen stiegen ein, als wir in Veracruz den Zug nahmen. Sie hatten einen Elektroschocker, so eine Pistole für Stromstöße. Sie waren zu dritt, und auch zwei Polizisten waren dabei. Die Polizisten sahen, dass ich ohnmächtig wurde, weil ich mich so erschrocken hatte, aber sie taten nichts. Sie arbeiteten mit den Typen zusammen. Bevor ich ohnmächtig wurde, sah ich, wie einer der Typen einem der Polizisten Geld gab. Sie sagten, wenn wir nicht zahlen, können wir nicht mit dem Zug weiterfahren. Wir sagten, dass wir bereits bezahlt hätten. Aber sie schmissen uns einfach raus und ließen uns nicht wieder einsteigen. Das war in Orizaba. Sie warfen uns aus dem Zug und sagten, dass sie uns nicht weiterfahren lassen, bis sie überprüft haben, dass wir bezahlt haben. Wir gingen in ein Hotel, und sie kamen mit uns, zwei blieben dort, damit keiner abhaut. Und dann wollte mich einer von ihnen packen, um das Geld zu kassieren. Er meinte, ich gefalle ihm, und wollte, dass sie mich verkaufen, anstelle der Gebühr. Einer von ihnen zerrte an mir und schlug mir mit der Pistole auf den Kopf. Keine Ahnung, wie sie es geschafft haben, ob sie noch mehr zahlen mussten, aber am Ende ließen die Typen uns gehen, und wir nahmen den Bus und fuhren nach Mexiko-Stadt.

Ich weiß nicht, warum ich das Pech hatte, so vielen schlechten Menschen zu begegnen. Auch in einem der Kühlschränke gab es eine Beamtin, die richtig fies war. Als mich die Grenzpolizei verhaftet hat, kam ich in einen Kühlschrank, dann wurde ich in einen anderen in Nogales, Arizona, gebracht. Dort bekam ich nichts außer einer grünen Matratze und einer Decke wie aus Alufolie. Und da war diese fiese Beamtin, die meinte, ich wäre eine Bettlerin. Nur weil ich mir einen Saft und einen Erdnusskeks geschnappt hatte. Dass wir Schwarzen alle Bettler wären. Dass alle Schwarzen, die dort hinkämen, Bettler wären. Ich habe geantwortet: Ich bin schwarz und ich bin stolz darauf.

Später, als ich schon bei meinem Vater war, musste ich zum Gericht, um zu sehen, ob ich bleiben kann oder ob sie mich abschieben. Mein Vater hat mir nie von hier erzählt, davon, wie die USA so sind, wie die Leute in den USA leben, er hat mir nur gesagt, hier wäre alles Arbeit und Lernen, immer nur Arbeit und Lernen. Mein Vater ist Automechaniker für Busse, und er ist jetzt mit einer anderen Frau verheiratet und hat noch mehr Kinder. Als er mich am Flughafen abgeholt hat, konnte ich gar nicht glauben, dass er es ist, so sehr hatte er sich verändert. Ich habe ihn überhaupt nicht wiedererkannt.

Im Gericht haben sie mich alles Mögliche gefragt, sie wollten wissen, wie mein Leben in Honduras war. Ich habe ihnen erzählt, dass ich aus einem kleinen Dorf komme, das zwei Stunden von San Pedro Sula entfernt ist, dass ich dort mit meiner Mutter und zwei kleineren Geschwistern gelebt habe. Ich habe die zwölfte Klasse abgeschlossen, das ist wie ein High-School-Abschluss, habe ich gesagt. Dass ich gerne zur Schule gegangen bin, dass ich viel gelernt habe.

An den Wochenenden habe ich meiner Mutter geholfen. Wir haben Kokosbrötchen am Strand verkauft. Wir hatten eine *pana*, eine Art Korb, den man auf dem Kopf trägt. In meinem Dorf gibt es einen Strand mit vielen Touristen aus San Pedro Sula und Tegucigalpa.

Ich habe ihnen auch erzählt, dass ich 2014 aus Honduras in die USA gekommen bin, ich erinnere mich nur, dass es Mai war, das genaue Datum, an dem ich aufgebrochen bin, weiß ich nicht mehr. Ich war damals siebzehn.

Dann wollten sie wissen, warum ich hergekommen bin, was der Grund war, warum ich in die USA gekommen bin. Ich musste ihnen erzählen, was mir dort zugestoßen war. Dass ich vergewaltigt wurde, als ich nach der Schule nach Hause gegangen bin, weil es etwas später geworden war.

Nach der Schule bin ich immer mit dem Bus nach Hause in mein Dorf gefahren, aber an dem Tag hatte ich eine Prüfung und konnte erst später los. Alle waren schon weg, und ich musste fast eine halbe Stunde laufen, um den Bus zu bekommen, und es war schon fast dunkel, und ich musste allein über einen verlassenen ehemaligen Flugplatz, und da waren diese Männer und haben auf mich gewartet. Sie waren zu dritt und haben mir auf den Kopf geschlagen, so fest, dass ich bis heute Kopfschmerzen habe, und mehr weiß ich nicht. Ich bin vorher nie dort langgegangen, ich habe es nur gemacht, weil es der schnellste Weg war, um den Bus nach Hause zu bekommen.

Was glaubst du, würde passieren, wenn du in dein Land zurückkehrst?, fragten sie mich. Hast du Angst zurückzukehren? Ich sagte, dass ich nicht mehr so viel Angst hätte wie früher, dass ich inzwischen in die Kirche gehe und mit der Pfarrerin gesprochen hätte und dass sie zu mir gesagt hat, dass ich alles vergessen soll, was mir passiert ist, und anfangen soll, den Leuten zu verzeihen, die mir das angetan haben. Also habe ich nach und nach vergessen. Ich war bei einer Psychologin, und nach und nach habe ich das alles vergessen. Aber im Gericht wollten sie wissen, ob ich in Gefahr wäre, wenn man mich abschiebt und ich wieder in Honduras leben müsste. Und ich habe ja gesagt, die schlechten Menschen, die mir das angetan hätten, hätten mir gedroht, sie sagten, wenn ich jemandem davon erzähle, würden sie mich umbringen, und davor habe ich große Angst.

Ich hatte die Männer vorher noch nie gesehen, aber nachdem das passiert war, trieben sie sich die ganze Zeit in der Nähe der Schule herum, und das hat mir noch mehr Angst gemacht. Immer wenn wir aus der Schule kamen, fuhren sie in einem Auto vorbei. Immer wenn ich früher aus hatte, bin ich direkt zum Bus gegangen und habe sie gesehen. Immer wenn sie vorbeifuhren, habe ich mich unter den Sitzen versteckt. Ich habe das Auto wiedererkannt, das Nummernschild, aber ich bin nie zur Polizei gegangen. Ich habe nie etwas gesagt, weil ich Angst hatte, dass sie mich umbringen, wenn sie wieder aus dem Gefängnis rauskommen, und dass sie meine Geschwister umbringen, denn sie haben mir gesagt, dass sie wissen, wo ich wohne, deshalb hatte ich so große Angst.

Ich habe auch erzählt, dass ich manchmal mit meinen Freundinnen in Honduras über Facebook in Kontakt bin. Von ihnen weiß ich, dass letzte Woche in meinem Dorf vier Leute ermordet wurden. Dass alles so ist wie immer, dass es ständig Einbrüche gibt. Die Diebe brechen ein, wenn man schläft, sie benutzen ein Pulver, damit man ganz tief schläft, und wenn man aufwacht, ist das Haus leer wie ein Tanzlokal am Montagmorgen.

Mein Fall ist bei Gericht durchgegangen, und ich habe jetzt meine Papiere. Bald kann ich mich um die amerikanische Staatsbürgerschaft kümmern. Ich fühle mich hier viel sicherer. Wenn ich durch die Straßen gehe, fühle ich mich sicher, ohne Angst, dass schlimme Menschen kommen und mich wieder überfallen. Nur dass ich meine Familie so vermisse, ist traurig. Meine Mutter ist im Krankenhaus, schon seit über zwei Monaten, sie leidet unter Blutarmut. Sie hat auch was am Herzen, und an dem Tag hatte sie einen Herzinfarkt und wurde im Krankenhaus wiederbelebt. Als ich mit ihr telefoniert habe, hat sie gesagt, dass sie diese Welt nicht verlassen würde, ohne mich noch einmal gesehen zu haben, dass es ihr letzter Wunsch sei, mich noch einmal zu sehen.

Ich habe Englisch gelernt, aber es ist mir nicht leichtgefallen. Vor allem wegen der Kopfschmerzen, denn bis zum heutigen Tag tut mir der Kopf weh. Deswegen war ich fast drei Wochen im Lincoln Hospital. Aber inzwischen ist es besser geworden mit meinem Englisch, und im September gehe ich auf die Universität. Ich muss vier Jahre studieren, um meinen Bachelor zu machen und Anwältin zu werden. Ich bin glücklich, dass ich auf die Uni gehen werde, davon habe ich immer geträumt, etwas im Leben zu erreichen, ein Vorbild für meine Geschwister zu sein.

Ich hatte einen Traum.

Ich träumte, Menschen zu verteidigen.

Ich war Anwältin für Menschenrechte.

Ich habe oft davon geräumt.

Epilog
Angst. Flucht. Flüchtlinge

Von Alberto Arce

Eines Morgens im Sommer 2014, wenige Kilometer vor dem Bahnhof von Arriaga in Chiapas, im Süden Mexikos, war *La Bestia*, die Bestie, wieder einmal entgleist, der Zug, der bis heute Zehntausende von Mittelamerikanern in Richtung der US-amerikanischen Grenze befördert hat. Zumindest waren diesmal keine Menschen verletzt worden. Während der Schaden behoben wurde, bat mich inmitten der vielen Leute, die ungeduldig auf die Weiterfahrt warteten, ein vierzehnjähriges guatemaltekisches Mädchen namens Gladys Chinoy schüchtern und höflich, freundlich und mit guten Umgangsformen um mein Handy, um sich mit ihrer Mutter, die voller Sorge in einer Küche in New York auf ihren Anruf wartete, in Verbindung zu setzen und ihr zu sagen, dass es ihr trotz allem gut ging.

Dann erzählte sie mir, was seither zahlreiche junge Flüchtlinge immer wieder berichtet haben, wenn sie danach gefragt wurden. Dass sie aus vielen Gründen unterwegs sei. Dass sie vor der Gewalt und Armut in Guatemala fliehe, auf der Suche nach besseren Chancen in den USA.

Dass ihre Mutter, die seit Jahren im Norden arbeite, sie in New York erwarte.

Nur selten geschehen die Dinge aus einem einzigen Grund. Bei Gladys war es nicht anders. Ihr Fall ist eine Folge des Scheiterns Mittelamerikas. Sie ist eine von 189.000 Minderjährigen aus Mittelamerika, die in den letzten fünf Jahren in die USA gegangen sind und dort als »unbegleitete Minderjährige« erfasst wurden. Sie machen sich auf den Weg zu Familienangehörigen, die bereits in den USA leben, und fliehen vor der steigenden Straßenkriminalität, vor sexueller und häuslicher Gewalt. Vor Erpressung und Korruption, die alles ersticken und die Menschen daran hindern, der Armut zu entkommen, vor der Aussichtslosigkeit, eine Arbeit zu finden oder studieren zu können. Kurz gesagt: vor der katastrophalen Lage in ihren Ländern. Oder anders ausgedrückt, sie fliehen, um ein besseres Leben zu finden.

Gladys hatte Glück. Ich weiß, dass sie es bis nach New York schaffte. Sie schickte mir eine Nachricht. Und begann ein neues Leben.

Laut Gesetz dürfen unbegleitete Minderjährige, die ohne Erlaubnis die Grenze überqueren, nicht legal im Land bleiben. Ihre Suche nach einem besseren Leben hat eine Einwanderungskrise provoziert, eine Krise der Papiere und des Aufenthaltsrechts. Die Krise derer, die in den USA leben, aber keine gleichberechtigten Bürger sind. Zehntausende Mädchen und Jungen haben sich auf die eine oder andere Weise in *Illegale*, in zukünftige *Illegale*, in eine Art von *Illegalen* oder in Menschen verwandelt, die von der *Illegalität* bedroht sind. Diese Nicht-Kategorie, dieser *Nicht-Ort*, der die ohnehin Verängstigten noch mehr verängstigt, sie schluckt, in ständige Anspannung versetzt und sie in ein fest gefügtes Schema presst, schränkt Millionen von Menschen in den USA ein, erschwert ihr Leben, beschuldigt sie, macht sie stumm und unsichtbar, erniedrigt und verletzt sie und gehorcht einem System, für das nicht alle Menschen, die an einem bestimmten Ort leben, auch dieselben Rechte haben. Es sind diejenigen, die putzen, arbeiten, studieren und wie wir alle manchmal glücklich, manchmal unglücklich sind, die unter und bei uns sind, aber dabei nicht als würdige Bürger anerkannt werden, mit denselben Rechten wie wir, die einfach nur ein anderes Ausweispapier besitzen. Sind es Flüchtlinge? Migranten? Narrative, die Folgen nach sich ziehen. Sie sind das, wovon wir erzählen können und wollen.

Für die meisten von ihnen ist der Ort und ihre Zeit in den USA ein *Nicht-Ort*. Die Vorhölle eines kollabierten Rechtssystems, das irgendwann zur Ausgabe von Aufenthaltspapieren – oft erst, nachdem sie als Flüchtlinge anerkannt wurden – oder einem Abschiebebescheid führt. Zu einer Ausweisung, die niemand vollstreckt, es sei denn, die Betroffenen geraten in eine Razzia, begehen ein Verbrechen oder werden angezeigt und verurteilt. Eine Ausweisung, die damit weitergeht, dass die Betroffenen – je nach Fall und sobald sie volljährig sind – unter die Quote von Personen fallen, die die USA in dem jeweiligen Jahr abzuschieben beschließt. Millionen von Menschen leben mit der ständigen Drohung, abgeschoben zu werden, falls ihr Fall abgelehnt wird oder sie ihr Anliegen nicht bei Gericht vorbringen können. Ein *Nicht-Ort*, der für Viele Jahre dauert.

Für die Menschen, die aus Mittelamerika fliehen, ist dieser Zustand, dieser *Nicht-Ort*, besser als nichts. Die vermeintliche Einwanderungskrise, die sie im Narrativ derer provozieren, die sie empfangen, ist für sie die Hoffnung auf ein Leben, das besser ist als das, vor dem sie fliehen. Sie wissen genau, was sie tun, und sind bereit, alles dafür aufs Spiel zu setzen. Denn Mexiko ohne Papiere zu durchqueren heißt nichts anderes, als sein Leben zu riskieren.

Laut Zahlen des Flüchtlingsbüros der US-amerikanischen Regierung verbringen 90 Prozent der unbegleiteten Minderjährigen durchschnittlich 41 Tage in Haft und werden dann zu Familienangehörigen in den USA geschickt. 96 Prozent aller Kinder, die von den Grenzbehörden an das Flüchtlingsbüro überwiesen werden, stammen aus Mittelamerika. Sie haben keine Straftat begangen. Und dennoch werden sie verhaftet. Sie bitten um Asyl und Familienzusammenführung. Sie werden freigelassen mit einem Papier in der Hand. Einer Vorladung, damit die

Justiz über ihren Status entscheidet. Ein Status, der sie jahrelang in diesem *Nicht-Ort* am Rande der Illegalität festhält.

Gladys benutzte das Wort Flucht. Was so viel heißt wie Angst. Angst entsteht aus einer Bedrohung, die als real empfunden wird. Woraus auch immer Angst entsteht, sie ist real. Angst existiert. Sie haben Angst. Deshalb fliehen sie. Ihre Heimatländer im nördlichen Mittelamerika – Guatemala, Honduras, El Salvador – leiden unter einer strukturellen Krise, die von Angst und Chancenlosigkeit geprägt ist. Sie haben die höchsten Mordraten der Welt. Mordraten, die die Zahlen mancher Länder übertreffen, in denen offener Krieg herrscht. Dicht gefolgt von Guatemala verzeichnen Honduras und El Salvador, Länder, die niemand als Kriegsgebiete bezeichnen würde, 40 bis 91 Morde pro 100.000 Einwohner. In manchen Städten wie San Pedro Sula in Honduras liegt die Mordrate bei über 100, in San Salvador bei 97. In diesen beiden Städten sterben in einem Jahr mehr Menschen gewaltsam als in Kabul oder Bagdad. Zwar kommt hier niemand bei der Explosion von Autobomben um, aber innerhalb von drei, vier Tagen werden 50 Menschen ermordet. An einem einzigen Wochenende. Einer nach dem anderen, oder fünf auf einmal. Laut Weltgesundheitsorganisation übersteigen die Zahlen in den wichtigsten Städten Mittelamerikas das, was im Gesundheitssektor Epidemie genannt wird, um das Zehnfache. Zum Vergleich: In Spanien liegt die Rate bei 0,47 Morden pro 100.000 Einwohner.

In Mittelamerika existiert Femizid. Diese Morde an Frauen lediglich aufgrund ihres Geschlechts gehen einher mit unbeschreiblicher sexueller Gewalt. Ein Bandenmitglied ernennt ein Mädchen zu seinem Eigentum, und diesem Mädchen bleiben zwei Möglichkeiten: Gruppenvergewaltigung mit Folter und sicherem Tod oder Flucht. Männer verschwinden, Frauen verschwinden. Aus einer Unzahl von Gründen. Ohne Leiche kein Verbrechen. El Salvador und Honduras sind riesige Massengräber, Guatemala ebenso. Seit den Bürgerkriegen der siebziger und achtziger Jahre quellen diese Gräber gleichsam über. Keiner weiß, wie viele es sind. Täglich tauchen neue auf. Es sind Tausende.

Der erste Bericht, der die Gründe für die Massenflucht aus Mittelamerika zu erklären versuchte – veröffentlicht 2014, als erstmals darüber diskutiert wurde, dass die Zahl der unbegleiteten Minderjährigen, die in die USA kamen, sich verdreifacht hatte –, stammt vom Flüchtlingskommissariat der Vereinten Nationen (UNHCR). Es ist kein Zufall, dass es diese und keine andere Institution war. Seit Jahren beobachtete sie das reale Problem, das mit der grundsätzlichen Frage des Asylkonzepts verbunden ist. Ein Problem, das nur auf die Titelseiten gelangte, wenn es an die Türen – die Grenzen – der einzig relevanten Welt klopfte. Unserer Welt, die die politische Agenda und die Narrative bestimmt. Die Experten des UNHCR hatten Interviews mit 404 repräsentativ ausgewählten minderjährigen Flüchtlingen aus Mittelamerika geführt. Ihre Schlussfolgerungen waren eindeutig. 58 Prozent der befragten Kinder – bei Kindern aus El Salvador waren es 72 Prozent – waren vor Gewalt geflohen und erfüllten die Voraussetzungen, um als Flüchtlinge anerkannt zu werden. 21 Prozent berichteten von familiärer Gewalt. 38 Prozent der Kinder, die mindestens einen dieser beiden Gründe angaben, sagten zudem aus, Familie in den USA zu haben. Nichts geschieht aus einem einzigen Grund. Sind diese Kinder Flüchtlinge? Gut möglich, aber nicht nur. Und das macht die Entscheidungsfindung abhängig von politischen Narrativen und Beschlüssen.

Eine jährlich von der US-amerikanischen Vanderbilt University durchgeführte Umfrage ergab, dass 2017 mehr als die Hälfte der Einwohner Guatemalas, El Salvadors und Honduras' Angst davor hatte, ermordet zu werden, und daher öffentliche Verkehrsmittel mied. Busse und Bahnen gehören in diesen Ländern zu den gefährlichsten Orten, dort findet ein Großteil der Morde statt. Andere Zahlen sind noch erschreckender, sie verdeutlichen das ganze Ausmaß der Angst: Derselbe Bericht besagt, dass 70 Prozent der Eltern ihren Kindern verbieten, auf der Straße zu spielen. 60 Prozent der Erwachsenen vermeiden es, allein auf die Straße zu gehen. Etwa die Hälfte verzichtet darauf, bestimmte Produkte zu kaufen, die Gewalt anzögen. Fast 40 Prozent der Einwohner

Honduras' und El Salvadors hatten beschlossen, ihr Land zu verlassen – aus Angst, ihr Leben zu verlieren. Das sind viermal so viele Menschen wie 2010, als diese Zahlen zum ersten Mal erhoben wurden.

Laut den Vereinten Nationen sahen sich 2014 in El Salvador mindestens 135.000 Menschen – das entspricht 2,1 Prozent der Bevölkerung – gezwungen, den Wohnort zu wechseln, die meisten von ihnen aufgrund von Gewalt und Erpressung durch eine der kriminellen Banden. Anteilig gesehen sind dies mehr Vertriebene als in Kolumbien während des brutalen Bürgerkriegs.

Der Sonderbericht des UN-Menschenrechtsrats beziffert die Zahl der in Honduras aufgrund von Gewalt – darunter auch Bandengewalt – vertriebenen Personen auf mindestens 170.000 und räumt ein, dass diese Zahl wegen fehlender zuverlässiger Erfassungen auch wesentlich höher sein kann.

Die Angst, Gewalt, Vertreibungen, Ohnmacht treten auf in einem Kontext des Misstrauens gegenüber der Staatsgewalt, die doch eigentlich die Pflicht hat, ihre Bürger zu beschützen. Die genannte Umfrage der Vanderbilt University zeigt auch, dass im Jahr vor der Befragung 12 Prozent der Einwohner der Region Bestechungsgelder an die Polizei zahlen mussten. Dass die Hälfte der Bevölkerung kein Vertrauen in die staatlichen Institutionen ihrer Länder hat, weder in die Regierung noch die Polizei noch die lokale Verwaltung oder die Politiker. Noch gravierender ist, dass 68 Prozent angeben, ihren Nachbarn zu misstrauen. Zahlen der Angst, zu denen noch die der Straffreiheit kommen. 2015 erklärte der damalige honduranische Generalstaatsanwalt Luis Alberto Rubí in seinem Rechenschaftsbericht vor dem Kongress, dass 91 Prozent aller im Land angezeigten Morde nie vor Gericht verhandelt wurden. Es gibt keine Justiz, und niemand rechnet mit ihr.

Angst regiert nicht allein, sie hat Verbündete. Die Menschen fliehen aus Angst, aber auch aus Perspektivlosigkeit. Die wirtschaftliche Lage in der Region ist ebenso katastrophal wie alle damit einhergehenden Indikatoren. In Guatemala sind zwischen 46 und 55 Prozent der Kinder unter fünf Jahren chronisch unterernährt, bei der indigenen Bevölkerung auf dem Land sind es 80 Prozent, in Honduras »nur« 25 Prozent – die Kinder fliehen auch vor dem Hunger. Und auch das Bildungssystem bricht zusammen. 2013 konnten lediglich 5 Prozent der Schulen die für einen Abschluss vorgeschriebene Zahl an Unterrichtsstunden anbieten. Grund dafür sind Streiks der Lehrer, die ihre Gehälter nicht erhalten, da der Staat bankrott ist. 31 Prozent der Kinder unter sechzehn Jahren gehen nicht mehr zur Schule, sondern arbeiten; auf dem Land sind es bis zu 68 Prozent. Nur eines von vier Kindern beendet die 12. Klasse, nur 7 Prozent erlangen die Hochschulreife. Mehr als 60 Prozent der Bevölkerung leben in Armut. In El Salvador ist die Wirtschaft derart am Boden und mit der Auswanderung in die USA verflochten, dass 16 Prozent des Bruttonationaleinkommens auf die *remesas* zurückzuführen sind, die Rücküberweisungen, die Migranten monatlich ihren Familien zukommen lassen. Der Kreislauf dieser zerstörerischen Abhängigkeit ist ebenso Teil der mentalen und ökonomischen Struktur Mittelamerikas wie die Millionen von Mittelamerikanern, die in den USA leben, oder die Millionen von Dollar Unterstützung für Polizei und Militär, die die US-amerikanischen Behörden seit Jahrzehnten jährlich an die unfähigen Regierungen dieser Länder überweisen, damit alles so bleibt, wie es ist.

Vor alldem fliehen die Menschen, und wenn Angst herrscht und der Zusammenbruch des Staates verhindert, dass dieser seine Pflichten erfüllt, dann handelt es sich bei diesen Menschen für einen Großteil der Experten – zumindest derjenigen, die nach internationalem Recht urteilen – um Flüchtlinge. Es sind Flüchtlinge, egal ob man ihren Status offiziell anerkennt oder nicht. Laut UNHCR nahm die Zahl der Asylanträge von Menschen aus El Salvador, Honduras und Guatemala in den USA und Mexiko zwischen 2010 und 2015 um 1487 Prozent zu. Und sie steigt weiter. In einem Interview, das ich 2017 mit Salil Shetty, dem Generalsekretär von Amnesty International, führte, erklärte dieser, dass wir zweifellos vor einer Flüchtlingskrise stünden: »Dass sie nicht vor einem Krieg fliehen, heißt nicht, dass sie nicht vor kriegsgleichen Bedingungen fliehen.«

Wo findet diese Krise statt? In dem Land, das die Menschen aufnimmt, oder in dem Land, das sie vertreibt? In den Entscheidungen derjenigen, die sie in ihren Berichten nennen und sie auf der einen oder anderen Seite dieser oder jener Grenze verorten?

Im Mittelpunkt all dieser Gewalt, des Versagens von Staaten, die höchstens auf dem Gebiet ihrer Sicherheitspolitik Fortschritte machen – und das auch nur hinsichtlich der Ausgaben, nicht der Resultate –, stehen die kriminellen Banden. Ein US-amerikanisches Exportprodukt.

Honduras, Guatemala und El Salvador exportieren seit langem Flüchtlinge in den Norden. Schon in den sechziger Jahren gab es einen beständigen Strom von jungen Menschen, die aus einer Kriegsregion flohen. Die Guerilla erhob sich gegen Regierungen und Armeen, denen die USA in ihrem globalen Kampf gegen die Ausbreitung des Marxismus zu Hilfe eilte. Wer nicht kämpfen wollte, machte sich auf. Viele flohen vor dem Krieg, nur um in einen anderen zu geraten, der längst auf den Straßen von Los Angeles geführt wurde: den Krieg der Gangs. Tausende von jungen Leuten, die in die USA flohen, suchten Identität und Schutz in den Banden. Sie gingen auf die Schule des Verbrechens. Nur um später wieder in ihren Heimatländern zu landen und das zu importieren, was sie in den USA gelernt hatten.

Die Banden *Barrio 18* und *Mara Salvatrucha (MS-13)* sind in den USA entstanden, nicht in Mittelamerika. In den siebziger Jahren bildeten mittelamerikanische Migranten in den USA, vor allem in Kalifornien, informelle Gruppen, um sich vor der Gewalt der mexikanischen und afroamerikanischen Banden wiederum gewaltsam zu schützen. Diese Banden, die *13* und *18*, die sich auf den Straßen und in den Gefängnissen von Los Angeles formierten und perfektionierten, wurden schnell zu einem Problem der öffentlichen Sicherheit. Während der Amtszeit von Bill Clinton in den neunziger Jahren kam jemand auf die Idee, diese Kriminellen in ihre Heimatländer abzuschieben, die nicht darauf vorbereitet waren, sie wieder zu integrieren. In fragile, geschwächte Gesellschaften, die ihre eigenen Bürgerkriege hinter sich hatten, die ebenso wenig wussten, wie sie die Kriminalität bekämpfen sollten, und in denen es nur so wimmelte von Waffen und ehemaligen Kämpfern. Sie kamen nach Tegucigalpa, San Salvador und Guatemala-Stadt – Jugendliche ohne Familie und oft ohne soziale Verbindungen zu den Ländern, die sie als Kinder verlassen hatten. Sie sprachen Englisch. Kannten sich untereinander. Brachten Gewohnheiten, Bedürfnisse, kriminelle Erfahrung mit. Niemand bot ihnen Alternativen. Nach und nach führten sie die Angst ein, die sich überall dort ausbreitete, wo niemand regierte. Etwa in den Waisenheimen für Kinder, denen nach dem verheerenden Hurrikan Mitch 1998 in Honduras keiner helfen konnte oder wollte. Die Banden übernahmen die Rolle der Familie, der Nachbarn, boten Organisation und Identität. Und breiteten sich aus wie ein Krebsgeschwür, bis hin zum Kollaps der Gesellschaften, in denen sie sich eingenistet hatten.

Seit Jahrzehnten gehören die Straßen Mittelamerikas nicht mehr ihren Bürgern, auch nicht der Polizei oder dem Militär, egal wie oft sie dort mit ihren Kriegsfahrzeugen und Waffen patrouillieren. Sie gehören Jugendbanden, die die Viertel Block für Block, Straße für Straße, Ecke für Ecke wie totalitäre Organisationen kontrollieren. Immer wieder kommt es zu blutigen Massakern. Morden, verübt von jungen Männern, die mit Gewalt rekrutiert werden, und zu gewalttätigen Auseinandersetzungen zwischen den Banden untereinander oder zwischen den Banden und der Polizei und dem Militär. Es gibt Polizeistaffeln für soziale Säuberungen. Drogenhandel, Kämpfe um die riesigen Gewinne, die beim Transport der Drogen gemacht werden, Drogen, die am Zielort einen so hohen Preis erzielen, dass sie die Gewalt wert sind, die sie am Ausgangsort – in Mittelamerika – verursachen. Immer wieder kommt es zu Morden in Verbindung mit Erpressung, eine weitere Epidemie, die fast jeden Geschäftsmann trifft, egal ob er Taxifahrer, Straßenhändler, Besitzer eines kleinen Lebensmittelladens oder Manager eines multinationalen Getränkeproduzenten ist. Manchmal muss man den Banden sogar Geld zahlen, um im eigenen Haus wohnen zu dürfen. Die Banden und ihre Gewalt sind so etwas wie eine konstante Drainage, allbekannt, tausendfach angezeigt, erklärt, dokumentiert, brutal, beklemmend und zerstörerisch. Allen anderen bleibt kein Leben, keine Arbeit, keine Perspektive.

In den geschwächten, erschöpften, bankrotten, korrupten Staaten Mittelamerikas ist der Bürger nichts anderes als eine Ressource zum Schröpfen. Sei es durch eine Bande, die Polizei, das Militär oder die Politik. Durch die Optimierung des Verbrechens wird er um alles betrogen, was irgendeinen Wert hat. Sein Geld, seine Informationen, die Arbeit, die Freiheit, ein bestimmtes Paar Turnschuhe oder ein Haarfärbemittel zu wählen, Sexualität oder politische Stimme, alles verwandelt sich in den Profit einiger weniger. Im Extremfall bezahlt derjenige, der sich nicht ausbeuten lässt, mit dem Leben. Der nicht funktioniert in einem Modell, das auf der Ausbeutung der Wehrlosen fußt. Darauf, dass denen, die zur Selbstverteidigung keine Gewalt anwenden wollen oder können, für eine Handvoll Dollars, Quetzals oder Lempiras jede Identität, Perspektive und Hoffnung genommen wird.

Die Bande ist ein nichtstaatlicher Akteur, der – besonders in den Städten – seine Macht durch eine fast vollständige territoriale Kontrolle ausübt. Ihr gehören die Straßen, die Körper, der Geist einer Gesellschaft, die hört, sieht und schweigt. Die Kontrolle über bestimmte Gebiete bildet die Grundlage der Existenz der Banden, denn nur so können sie ihr kriminelles Unwesen treiben, vor allem Erpressung, Drogendelikte und der ständige Kampf gegen rivalisierende Gruppen, die ihnen das eigene Territorium streitig machen. Die Bande überwacht jede Bewegung, auch das Betreten und Verlassen ihres Gebiets. Diese Gebiete sind nicht fest umrissen und können sich schnell ändern, es gibt keine Karten, die stabile Grenzen festlegen. In einer Gegend zu wohnen, die von der einen Bande kontrolliert wird, und in einer Gegend zu arbeiten, in der eine andere Bande herrscht, Kontakte zu Menschen in einem rivalisierenden Viertel zu pflegen oder eine Schule oder Universität in einem anderen

Stadtteil zu besuchen, kann Drohungen oder Vergeltungsmaßnahmen zur Folge haben. Den Tod. Darüber hinaus legt die Bande Regeln für ihr Gebiet fest, die von Sperrstunden bis zu Umgangsformen reichen und im Extremfall sogar das äußere Erscheinungsbild der Bewohner vorschreiben – etwa die Haarfarbe von Frauen – oder bestimmte Zahlen, Buchstaben und Farben verbieten können. Beispiele für all das wurden oft genug dokumentiert.

Die Bande ist eine bewaffnete Organisation mit einer straffen, vertikalen Struktur, deren Führung jedoch schnell wechselt. Ständig werden neue Mitglieder rekrutiert. Junge Leute landen im Gefängnis oder sterben. Sie tun sich in Cliquen zusammen, unterschiedlich große Gruppen Gleichgesinnter mit einem anerkannten Führer, die sich über das Gebiet definieren, dem sie zugeteilt sind. Die Cliquen sind miteinander verbunden und koordinieren sich ausgehend von der kleinsten territorialen Einheit, die von einigen Straßenzügen bis zu einem oder mehreren Vierteln reichen kann. Die Bande wiederum verbindet und koordiniert sich zwischen den Vierteln oder Städten eines Landes und den USA. Dies trifft besonders auf die *Mara Salvatrucha*, aber auch auf die *Barrio 18* zu. Sie agieren von San Salvador bis Guatemala-Stadt, von Guatemala-Stadt bis Long Island. Von Los Angeles bis Tegucigalpa und San Pedro Sula.

Aus den ursprünglich zwei Banden sind mittlerweile Dutzende geworden. *Revolucionarios* (Revolutionäre), *Chirizos* (Soldaten), *El Combo de los que no se deja* (Die Combo, die sich nichts gefallen lässt), *Mao Mao*, *Raza* (Rasse) oder *Desorden* (Chaos). Je nach Quelle zählen die Banden in Honduras insgesamt 10.000 bis 36.000 Mitglieder, in El Salvador 70.000. Niemand kann es mit Gewissheit sagen. Es sind Zehntausende, und es werden immer mehr. Sie kämpfen gegeneinander, verändern, vereinen, spalten sich. Sie verhandeln, töten, erpressen, entführen und dealen, sie kaufen Wählerstimmen und mischen sich in die Politik ein. Die Straßen Mittelamerikas gehören heute den Banden. Als Folge sind in den letzten fünf Jahren mindestens 190.000 Minderjährige in die

USA geflohen. Sie haben die US-amerikanische Migrationspolitik explodieren lassen. In diesem Fall ist es unmöglich, dass sich die Geschichte als Farce wiederholt. Sie ist längst Tragödie. Es wird sich zeigen, ob jemand bereit ist, nach einer Lösung für diese Flüchtlingskrise zu suchen, einer Lösung, die es Zehntausenden von mittelamerikanischen Kindern und Jugendlichen ermöglicht, ihren Traum von einem besseren Leben zu verwirklichen. Ihren Traum, zu leben.

Alberto Arce, geboren in Gijón, Spanien, ist freier Autor und Journalist und berichtet vor allem aus Mittelamerika.

Die Protagonisten

Nicole (»Wo sind deine Kinder?« und »Lieber sterbe ich unterwegs«) wurde 2004 in Guatemala geboren. 2014 wanderte sie mit zehn Jahren in die USA aus. Heute lebt sie mit ihrer Mutter, ihrem Stiefvater und ihren Geschwistern im San Fernando Valley in Kalifornien.

Kimberly (»Ich werde ein bisschen schlafen«) wurde 2000 in El Salvador geboren. 2014 wanderte sie mit vierzehn Jahren in die USA aus. Heute lebt sie mit ihrer Mutter, ihrem Stiefvater und ihren Geschwistern in New York.

Santiago und ***Daniel*** (»Die andere Seite ist die andere Seite« und »Wie wir fahren würden«) wurden 1999 bzw. 2004 in El Salvador geboren. 2014 wanderten sie mit fünfzehn bzw. zehn Jahren gemeinsam in die USA aus. Heute leben sie mit ihrer Mutter in New York.

Dylan (»Er sah aus wie Watte, aber als ich ihn berührte, war es pures Eis«) wurde 2004 in El Salvador geboren. 2014 wanderte er mit zehn Jahren in die USA aus. Heute lebt er mit seiner Mutter, seinem Stiefvater und seinem Bruder in Los Angeles.

Alejandro (»Dort gibt es Schlangen«) wurde 1996 in Guatemala geboren. 2012 wanderte er mit fünfzehn Jahren in die USA aus. Heute lebt er bei seinem Onkel in New York.

Miguel Ángel (»Wir mochten uns gleich«) wurde 1997 in El Salvador geboren. 2014 wanderte er mit siebzehn Jahren in die USA aus. Heute lebt er bei seinem Onkel in New York.

Kayla (»Das Seil«) wurde 2001 in Honduras geboren. 2014 wanderte sie mit dreizehn Jahren zusammen mit ihrer Cousine und ihrer acht Monate alten Nichte in die USA aus. Heute lebt sie mit ihrem Onkel, ihrer Tante, ihren Cousins und Cousinen und ihrer Nichte in New York.

Mariana (»Vorher und nachher«) wurde 1997 in Guatemala geboren. 2011 wanderte sie mit vierzehn Jahren in die USA aus. Heute lebt sie mit ihrer Mutter, ihrem Stiefvater und ihren Geschwistern in New York.

Abril (»Bis zum heutigen Tag«) wurde 1997 in Honduras geboren. 2014 wanderte sie mit siebzehn Jahren in die USA aus. Heute lebt sie bei einer Pflegefamilie in New York.

Danksagung

Der Autor bedankt sich bei folgenden Personen und Organisationen, ohne die dieses Buch nicht möglich gewesen wäre: Ana Puente, Tessie Borden, Rebecca Sosa, Valeria Luiselli, Eve Stotland, Amy Joseph, Lorilei Williams, Joana Furmanska, Andrew Craycroft, CARECEN Los Angeles und The Door. Des Weiteren bedankt sich der Autor bei César Fagoaga und Carlos Cañas Dinarte für ihre sprachliche Beratung beim Verfassen von »Die andere Seite ist die andere Seite«.

Juan Pablo Villalobos, geboren 1973 in Guadalajara, Mexiko, studierte Marketing und Literatur und lebt heute in Barcelona. Bei Berenberg erschien seine lose mexikanische Romantrilogie, zuletzt der Band *Ich verkauf dir einen Hund* (2016).

Carsten Regling lebt als freier Übersetzer und Lektor in Berlin. Unter anderem übersetzte er Ricardo Piglia, Manuel Vázquez Montalbán, Roberto Ampuero sowie, für Berenberg, die Romane von Juan Pablo Villalobos ins Deutsche.

Die Originalausgabe erschien 2018 unter dem Titel »Yo tuve un sueño«
bei Editorial Anagrama, Barcelona.

Konzeption | Gestaltung: Antje Haack | www.lichten.com
Satz | Herstellung: Büro für Gedrucktes, Beate Mössner
Abbildungen: Einbandvorderseite und Einbandrückseite von ullstein bild,
Frontispiz von akg-images
Reproduktion: Frische Grafik, Hamburg
Druck | Bindung: CPI – Ebner & Spiegel, Ulm
Printed in Germany
ISBN 978-3-946334-40-8